# PRÉCIS

# D'ÉCONOMIE POLITIQUE

### A L'USAGE

des Etablissements d'instruction secondaire,
des Ecoles primaires supérieures
et des Bibliothèques populaires,

PAR

## Georges LEFEBVRE,

ANCIEN MAGISTRAT,
Officier de l'Ordre du Nichân de Tunis,
MEMBRE DE LA SOCIÉTÉ ACADÉMIQUE DU NIVERNAIS.

D. V.

NEVERS,

LIBRAIRIE MAZERON FRÈRES.

—

1886

NEVERS

TYPOGRAPHIE DE J. VINCENT

—

1886

# PRÉCIS

# D'ÉCONOMIE POLITIQUE

### A L'USAGE

des Etablissements d'instruction secondaire,
des Ecoles primaires supérieures
et des Bibliothèques populaires,

PAR

## Georges LEFEBVRE,

ANCIEN MAGISTRAT
Officier de l'Ordre du Nichân de Tunis
MEMBRE DE LA SOCIÉTÉ ACADÉMIQUE DU NIVERNAIS.

NEVERS,

TYPOGRAPHIE J. VINCENT.

—

1886.

# PRÉFACE

Exposer clairement, avec méthode et avec simplicité, les
principes généraux de l'Économie politique, mettre les
éléments de cette science à la portée des jeunes gens qui
n'ont pas le loisir de consulter des ouvrages développés, tel
a été le but que je me suis efforcé d'atteindre. Je ne me
flatte pas d'y être parvenu. Mais il est une chose que je puis
affirmer, c'est que ce petit livre a été fait consciencieusement
et avec soin. Ai-je besoin de dire que les notions générales
qu'il contient, les doctrines qu'il émet, ont été puisées aux
meilleures sources ?

Peut-être ce *Précis* offrira-t-il quelque intérêt à des lecteurs
autres que des jeunes gens. Toutefois, il s'adresse particulièrement aux élèves de notre Lycée, à ceux des Collèges,
des diverses Institutions et des Écoles primaires supérieures
de notre département.

Je souhaite que la lecture de mon ouvrage, venant s'ajouter
aux leçons du professeur, inspire à mes jeunes compatriotes
la louable envie d'étudier à fond, lorsqu'ils auront quitté
les bancs de l'école, une science dont l'importance, au point
de vue social, est aujourd'hui universellement reconnue.

G. L.

Nevers, 30 novembre 1885.

# LIVRE PREMIER

## Notions Préliminaires.

### CHAPITRE Ier,

*Les sciences morales. — Idée générale de l'Économie politique. — Aperçu des principaux phénomènes économiques ; leur enchaînement,*

La *Science*, en général, est la collection et l'enchaînement des vérités relatives à une même matière. D'une part, elle constate l'existence d'une série de faits ou phénomènes d'un même ordre ; d'autre part, au moyen de l'observation, de l'expérimentation et du raisonnement, elle recherche l'explication de ces faits ou phénomènes, les lois qui les régissent. Ces lois « sont, dit Montesquieu, les rapports nécessaires qui dérivent de la nature des choses. »

Les sciences morales, telles que la Morale, le Droit, l'Économie politique, envisagent l'homme comme créature libre, intelligente et raisonnable, et lui apprennent à faire un bon usage de sa liberté, de son intelligence et de sa raison. La Morale enseigne ce qui est honnête, le Droit ce qui est juste. L'Économie politique enseigne ce qui est utile :

elle se propose de diriger l'intelligence et l'activité de l'homme dans la production et l'emploi de la richesse, c'est-à-dire des choses nécessaires à la satisfaction de nos besoins. La science économique se trouve fréquemment en présence de questions où la charité et la justice sont en jeu; aussi s'efforce-t-elle de prendre, à la fois, pour guides les maximes de la Morale et les principes du Droit.

Pour avoir, dès le début, une idée nette de l'Économie politique, il est nécessaire de passer en revue les principaux faits dont elle recherche les lois et d'embrasser ainsi, d'un coup d'œil, son vaste domaine. Cet exposé sommaire doit lui-même être précédé de quelques considérations générales, qui sont comme les prolégomènes de la science dont nous allons étudier les éléments.

Suivant un jurisconsulte philosophe (M. Oudot, *Essais de philosophie du Droit*), le but de l'homme est double : comme être intelligent et libre, l'homme a pour but son perfectionnement; comme être physique, il a pour but sa conservation et son bien-être matériel. De là résultent pour lui le droit et le devoir de se conserver, le droit et le devoir de s'améliorer.

L'homme est une créature libre et responsable, sociable, perfectible.

Le monde physique, tel que la science nous le révèle, est un assemblage de forces (la gravitation universelle, l'attraction moléculaire, la pesanteur, l'électricité, etc.) qui sont de nature et d'intensité diverses. L'homme qui, selon les desseins de la Providence, appartient à la fois au monde physique et au monde moral, nous apparaît comme la seule force libre, intelligente et raisonnable. Il est doué de raison; malheureusement, « il y a, dit Pascal, une guerre intestine dans l'homme entre la raison et les passions. » La raison est souvent altérée ou obscurcie par le tempérament, l'imagination, les préjugés, l'intérêt personnel.

La responsabilité, conséquence inévitable de la liberté, attache la récompense à la pratique des vertus sociales, aux efforts sagement dirigés, la peine à la paresse et à l'inconduite.

L'homme est sociable. Privé du concours de ses semblables, isolé, l'individu est, matériellement et intellectuellement, condamné à l'impuissance.

La perfectibilité est une des lois générales de la nature humaine. L'homme est susceptible de se perfectionner ; c'est pour lui un droit, et c'est aussi un devoir que de s'améliorer et d'améliorer sa condition. « La perfection pour l'homme consiste dans le plein développement de toutes ses forces. forces physiques et forces intellectuelles, et de tous ses sentiments, sentiments d'affection et dans la famille et dans l'humanité, sentiment du beau dans la nature et dans l'art (1). »

L'homme, créature sensible et bornée, est *soumis à des besoins*. Insistons sur ce fait, quelque simple qu'il paraisse, car il est la base de l'Économie politique.

« Sans doute, le besoin est un assujettissement pénible ; et pourtant personne n'ignore que la multiplicité des besoins est le signe de la supériorité des espèces.... L'animal a plus de besoins que la plante, l'éléphant en a plus que l'huître. Le civilisé, au sein de l'espèce humaine, en éprouve plus que le sauvage. Ces besoins, qui répondent à la triple fin de l'homme, physique, intellectuelle, morale, veulent être satisfaits, les uns sous peine de cruelles douleurs et même sous peine de mort, les autres sous peine d'un moindre développement qui est aussi un grand mal..... Par la souffrance qui les accompagne et par l'espoir du bien-être qui

_____

(1) M. E. de Laveleye. Les apologistes du luxe et ses détracteurs. (*Revue des Deux-Mondes* du 1er novembre 1880).

suit leur satisfaction, les besoins sont l'indispensable aiguillon de l'activité humaine (1). »

L'homme est donc soumis à des besoins plus ou moins impérieux. Il a absolument besoin de se nourrir, de se vêtir, de se loger. Ces premiers besoins satisfaits, l'homme en éprouve d'autres plus compliqués, plus raffinés, plus élevés : il lui faut une alimentation plus substantielle ou plus délicate, des vêtements mieux appropriés au climat et aux saisons, un logement plus confortable ; il a besoin de moyens de communication faciles, rapides ; il a besoin des divers instruments qui servent à cultiver les sciences, les arts, etc...

On donne, en Économie politique, le nom de *richesse* à l'ensemble des objets qui sont *utiles*, c'est-à-dire propres à satisfaire les besoins de l'homme, et qui sont, en même temps, le produit d'un travail plus ou moins pénible.

Naturellement, l'homme recherche ce qui lui est utile ; et cette recherche, si elle a lieu dans les limites tracées par la Morale et le Droit, est légitime ; elle est légitime, parce que l'homme ne peut atteindre son but, c'est-à-dire son bien-être matériel et son bien-être moral, que s'il parvient à donner à ses besoins, physiques et intellectuels, la satisfaction qu'ils réclament.

Mais, pour se procurer ce qui lui est utile, il faut que l'homme travaille. « Tu mangeras ton pain à la sueur de ton front », dit la Bible. Nul ne peut se soustraire à cette loi du *travail*.

Le *travail* est l'action de nos forces corporelles et intellectuelles, action tendant à produire les objets destinés à la satisfaction de nos besoins. Le cultivateur, l'ouvrier, le fabricant, le négociant, l'architecte, l'ingénieur, le savant...,

---

(1) M. H. Baudrillart. Manuel d'Économie politique. Première partie, chap. III.

tous travaillent, c'est-à-dire font usage de leurs forces corporelles et intellectuelles, en vue de produire ou de contribuer à produire les choses qui nous sont utiles. Le travail est donc un fait constant, universel ; il se présente sous mille aspects divers, et, avec le concours d'autres agents, il crée ce qu'on nomme la richesse.

L'homme a une multitude de besoins ; et, cependant, chaque individu ne produit ordinairement qu'une seule espèce d'objets : le forgeron, des ustensiles en fer ; l'ébéniste, des meubles en bois ; le boulanger, du pain ; le vigneron, du vin, etc. Il y a plus : dans une usine où l'on fabrique des épingles, par exemple, le même ouvrier est toujours occupé au même détail de fabrication, de telle sorte qu'il faut la coopération de vingt ouvriers pour faire une épingle. C'est là un autre phénomène, la *division du travail*, arrangement qui a pour résultat de rendre le travail plus productif, parce qu'un homme, qui fait toujours une même chose, parvient à la faire plus vite et mieux.

La division du travail amène nécessairement l'*échange*, autre phénomène économique. Il est évident que, par suite de la division du travail, chaque individu arrive à produire d'une même espèce d'objets beaucoup plus qu'il ne lui en faut pour sa consommation personnelle. Que fait-il du surplus ? Il l'échange ; et c'est en échangeant cet excédant qu'il se procure les choses dont il a besoin. Un vigneron, par exemple, récolte annuellement 18 pièces de vin ; il en garde 3 pour sa consommation personnelle et donne son excédant (les 5 autres pièces) au boulanger, au tailleur, au cordonnier, etc., qui lui remettent en échange du pain, des vêtements, des chaussures, etc.

Mais, dans la pratique, cet échange direct ne s'aperçoit pas ; on ne voit, en réalité, que des personnes qui *vendent* et qui *achètent*. C'est que le vigneron, qui a besoin de pain, de vêtements, de chaussures, ne va pas offrir directement son vin au boulanger, au tailleur, au cordonnier. Ceux-ci, en effet, pourraient lui répondre qu'actuellement ils n'ont pas besoin de vin. Le vigneron se met tout de suite en relation avec le négociant en vins, dont la profession est d'acheter du vin pour le revendre, et qui, conséquemment, est presque toujours disposé à en acheter. En échange de son vin, le vigneron reçoit du négociant une certaine quantité de *monnaie*, avec laquelle il se procurera sûrement les objets dont il aura besoin ; car la monnaie, sous des conditions déterminées, est une marchandise que tous acceptent.

« La puissance publique doit créer une mesure commune des valeurs, qui les représente toutes, qui facilite le calcul de leurs variations et de leurs rapports ; qui, ayant ensuite elle-même sa propre valeur, puisse être échangée contre toutes les choses susceptibles d'en avoir une : moyen sans lequel le commerce, borné à des échanges directs, ne peut acquérir d'activité (1). » Nous verrons en quoi consiste la *monnaie*, cette mesure commune des valeurs, ce merveilleux et universel instrument d'échange. Voici donc comment les choses se passent : j'*échange* contre de la monnaie les objets dont je veux me défaire ; on dit, en ce cas, que je *vends*. J'*échange* ensuite cette monnaie contre les objets que je veux me procurer ; on dit alors que j'*achète*.

Les objets nécessaires à la satisfaction de nos besoins s'échangent les uns contre les autres eu égard à leur *valeur* respective, ou, pour mieux dire, ils se vendent ou s'achètent moyennant un *prix*, qui est leur estimation, leur évaluation en monnaie Par qui sera faite cette estimation ? Qui fixera cette valeur, ce prix ?

Et d'abord, l'*utilité* donne-t-elle la mesure de la valeur des choses ? En d'autres termes, une chose a-t-elle d'autant

(1) Condorcet, Esquisse d'un tableau historique des progrès de l'esprit humain.

plus de valeur qu'elle est plus utile? Non, certes. L'air et l'eau, par exemple, bien que nécessaires à la vie, sont, au point de vue économique, dépourvus de valeur. Telle chose peu utile, comme le diamant, a une valeur infiniment plus grande que telle autre chose extrêmement utile, comme le blé.

Le *prix* des choses est fixé par la *concurrence* que se font les producteurs (ou vendeurs), d'une part, et les consommateurs (ou acheteurs), d'autre part. Un produit quelconque est-il abondant, offert par plusieurs vendeurs, qui tous cherchent à l'écouler, et, en même temps, très peu demandé, le prix de ce produit baissera. Ce même produit est-il rare, offert par un seul vendeur, et, en même temps, demandé par plusieurs acheteurs qui se le disputent, le prix haussera.

Le prix dont le vendeur et l'acheteur sont convenus, en échange de l'objet que le premier livre au second, n'est pas toujours payé immédiatement. Le marchand peut dire au fabricant, duquel il achète un produit : « Il ne m'est pas possible de vous payer maintenant ; je vous paierai dans six mois, lorsque j'aurai vendu les marchandises ou partie des marchandises que vous me livrez aujourd'hui. En attendant, voici un engagement écrit de vous payer, à la date convenue, la somme que je vous dois. » Si le fabricant accepte, on dit qu'il fait *crédit* au marchand. Le fabricant pourra d'ailleurs, lui-même, donner en paiement à son propre créancier cette promesse écrite, qui, tenant lieu de monnaie, passera en différentes mains, jusqu'au jour de l'échéance. A cette époque, celui qui sera porteur de la promesse écrite la présentera au souscripteur originaire et en recevra de lui le montant en monnaie.

Il y a donc, outre la *monnaie métallique*, dont la valeur est basée sur celle du métal (or ou argent) dont elle est faite, une monnaie fictive, une monnaie de papier, appelée *monnaie fiduciaire* (du mot latin *fiducia*, confiance), dont la valeur repose uniquement sur la confiance qu'inspirent la probité et la solvabilité des souscripteurs. Nous verrons comment le *crédit*, par l'activité qu'il imprime à la circulation des capitaux et par les avances qu'il fait aux producteurs, devient lui-même une source de richesse.

Enfin, la richesse n'est pas consommée le jour même où elle est produite. Dans les pays civilisés, où la production est régulière et assurée, l'homme prévoyant a soin de mettre en réserve une partie de la richesse acquise chaque jour. C'est là l'*épargne*, qu'il ne faut pas confondre avec le fait de thésauriser, avec l'avarice. Au moyen de l'épargne, et en faisant un sage et utile emploi de la richesse économisée, l'homme augmente sans cesse le *capital*, sous toutes ses formes. En consacrant la richesse épargnée au développement des diverses industries, au perfectionnement des procédés industriels, il rend la production plus abondante et plus variée. Il accroît ainsi, non seulement son bien-être matériel, mais encore son bien-être moral : étant à même de donner satisfaction, plus facilement et avec un travail moindre, à ses besoins physiques, l'homme peut consacrer une partie de ses loisirs à satisfaire des besoins d'un ordre plus élevé, tels que le besoin de s'instruire et de développer ses facultés intellectuelles.

## Chapitre II.

### Définition de l'Économie politique. — De l'intérêt qu'offre cette science.

Les *besoins* et la *richesse*, le *travail* et la *division du travail*, l'*échange*, la *valeur* et les *prix*, la *monnaie*, le *crédit*, l'*épargne* et le *capital*, tels sont les principaux faits ou phénomènes économiques. Tous ces faits, on l'a vu, se lient étroitement les uns aux autres et se rapportent tous à un objet commun : la production, la répartition, la circulation et la consommation de la richesse.

Les phénomènes économiques, de même que tous les autres phénomènes du monde physique et du monde moral, obéissent à une discipline naturelle et ont des lois qui les régissent. Il existe, en effet, certaines règles de conduite auxquelles l'homme est tenu de se conformer, s'il veut que l'activité et l'harmonie règnent dans le monde du travail et des affaires, et que la prospérité matérielle s'accroisse sans cesse. Sans doute, l'homme, être intelligent et libre, mais sujet à l'erreur, peut méconnaître les lois d'ordre économique qu'il n'a pas faites, comme il enfreint parfois celles que lui-même s'est données. Mais ces lois d'ordre économique n'en existent pas moins, et l'Histoire enseigne qu'elles n'ont jamais été violées impunément.

Nous sommes maintenant à même de répondre à la question suivante : Qu'est-ce que l'Économie politique? L'Économie politique est une science ayant pour objet l'étude des lois qui président à la production, à la répartition, à la circulation et à la consommation de la richesse. Un savant professeur estime que l'Économie politique est la « philosophie de l'industrie humaine (1). » Elle a pour but de « rendre l'aisance aussi générale qu'il est possible (2). »

« Les économistes doivent sans cesse fixer leurs regards sur un idéal à atteindre, qui peut se formuler ainsi : quelles sont les lois ou l'organisation sociale qu'il faut adopter pour que les hommes arrivent, par le travail, à satisfaire, le plus complètement, leurs besoins rationnels?.... Il faut tenir compte de l'histoire, des traditions, des instincts, des diversités de race et de civilisation.... A chaque moment et dans chaque pays, étant donnés les hommes tels qu'ils sont et tels qu'ils peuvent être, il est un ordre qui leur apporterait la plus grande somme possible d'indépendance, de bien-être, de culture, de vraie félicité. C'est cet ordre qu'il faut découvrir et proposer à ceux qui gouvernent, et telle est la vraie mission de l'économiste (3). »

L'homme considéré, soit individuellement, soit dans ses rapports avec ses semblables, est essentiellement intéressé au progrès des sciences morales, parmi lesquelles on a, avec raison, classé l'Économie politique. Ces sciences nous indiquent la voie à suivre pour atteindre le double but vers lequel nous devons tendre : bien-être moral et bien-être matériel. Nous l'atteindrons d'autant plus sûrement que les sciences dont il s'agit feront des progrès plus sensibles au point de vue de la doctrine et de la méthode.

---

(1) M. A. Jourdan. Cours analytique d'Économie politique. Livre I, Chap. V.

(2) J. Droz. Principes de la Science des richesses. Livre I, Chap. II.

(3) M. E. de Laveleye. Tendances nouvelles de l'Économie politique en Angleterre (*Revue des Deux-Mondes* du 1er avril 1881).

L'exposé sommaire des principaux phénomènes économiques suffit pour faire pressentir l'utilité et l'importance de l'Économie politique. On peut dire, sans être taxé d'exagération, qu'à notre époque, il n'est pas permis à l'homme, ayant l'esprit tant soit peu cultivé, d'ignorer les éléments de cette science. Les questions sociales et économiques sont, en effet, à l'ordre du jour : tout le monde y pense et s'en occupe plus ou moins. Or, on ne peut nier l'influence qu'exercent sur l'individu les idées générales, les faits généraux qui caractérisent l'époque à laquelle il vit ( s'il s'établit, parmi ses contemporains, un courant intellectuel, ce courant l'entraîne.

L'Économie politique qui, comme objet d'étude, est née vers le milieu du XVIIIe siècle, tient aujourd'hui, parmi les sciences morales, une place éminente ; s'inspirant toujours des préceptes de la Morale et des principes du Droit, elle enseigne qu'il n'y a de véritablement utile que ce qui est, à la fois, honnête et juste ; sans cesse elle prêche le respect de la liberté de l'homme et le respect de la propriété individuelle ; elle répond aux besoins nouveaux de la société ; enfin, elle est en harmonie avec la théorie moderne du progrès, « celle qui fonde nos espérances sur l'avancement indéfini des sciences, sur l'accroissement du bien-être que leurs découvertes appliquées apportent incessamment dans la condition humaine, et sur l'accroissement du bon sens que leurs découvertes vulgarisées déposent lentement dans l'esprit humain (1). »

Ce serait, selon nous, une œuvre utile que de populariser l'Économie politique, cette branche des connaissances humaines, qui a acquis, de nos jours, une importance particulière, et qui offre d'ailleurs un égal intérêt au riche capitaliste et au modeste artisan.

_____

(1) M. H. Taine. Les origines de la France contemporaine. L'ancien régime. Livre III, Chap. I.

# LIVRE SECOND

## De la Production de la Richesse.

### CHAPITRE I<sup>er</sup>.

*Utilité, richesse, valeur. — Qu'est-ce que la production
de la richesse? — Éléments de la production.*

Il importe d'indiquer avec précision le sens qu'on attache,
en Économie politique, aux mots : *utilité, richesse, valeur.*

L'*utilité* est la qualité que possède une chose et qui la
rend propre à satisfaire les besoins de l'homme. La *richesse*
est l'ensemble des choses qui sont utiles, c'est-à-dire propres
à satisfaire les besoins de l'homme, et qui sont, en même
temps, susceptibles de devenir la propriété exclusive de
quelqu'un et d'être échangées. Ainsi, les choses à la fois
*utiles, susceptibles d'être appropriées et échangeables,* constituent seules ce qu'on nomme la *richesse,* et ont seules de
la *valeur,* au point de vue économique.

Il y a des choses dont l'usage est commun à tous, telles
que l'air, la lumière du soleil, l'eau de la mer, etc. Ces
choses répondent assurément à des besoins impérieux
et sont, au plus haut degré, utiles à l'homme qui, tel

qu'il est organisé physiquement, ne pourrait exister sans elles ; cependant, elles sont sans valeur, au point de vue économique. Destinées à l'usage de tous, elles échappent à toute appropriation ; personne ne peut avoir sur elles une propriété exclusive ; elles ne sont pas échangeables ; on ne les vend pas, on ne les achète pas ; on se borne à en jouir. Ces choses ne sont pas des richesses et ne relèvent pas de l'Économie politique.

Pour qu'une chose ait de la *valeur*, il faut qu'elle soit : 1º utile ; 2º relativement rare ; 3º susceptible de devenir la propriété exclusive de quelqu'un ; 4º échangeable. L'utilité n'est qu'un des éléments de la valeur, mais elle en est un élément essentiel ; il n'y a pas de valeur sans utilité.

Il est logique de traiter d'abord de la *production ;* car, avant de répartir, d'échanger, de consommer la richesse, il faut l'avoir produite. Qu'est-ce donc que la *production de la richesse?*

Produire, c'est créer des valeurs, c'est donner de la valeur à des choses qui n'en ont pas, en les divisant, ou en les assemblant, ou en les transformant, ou en les transportant d'un lieu dans un autre. C'est encore produire que d'augmenter, de la même manière, la valeur que les choses ont déjà par elles-mêmes. Le minerai de fer, par exemple, tant qu'il demeure enfoui dans le sol, n'a pas de valeur ou n'a qu'une valeur minime. Si on l'extrait, on lui donne une valeur qu'il n'avait pas, ou l'on augmente celle qu'il avait. Mais cette valeur peut s'accroître : d'abord, du minerai on tire la fonte ; puis avec la fonte, on produit le fer ; avec le fer, l'acier ; avec l'acier, mille instruments divers et même des objets d'art. Il y a là création et augmentation de valeur, et, par suite, production de richesse. Des chênes, estimés sur pied, valent chacun 100 francs. Qu'on les abatte et qu'on les transporte dans une ville, où ils sont mis à la portée des charpentiers, menuisiers, ébénistes et autres consommateurs qui en ont besoin, le fait seul du transport peut doubler la valeur de chaque arbre. Là encore, il y a augmentation de valeur et production de richesse.

Recherchons maintenant quels sont les éléments de la production.

Si nous visitons un établissement métallurgique, par exemple, une usine où l'on fabrique et travaille le fer, qu'y voyons-nous? D'abord, de vastes cours, de grands bâtiments, des magasins, c'est-à-dire l'emplacement de l'industrie; ensuite, des monceaux de matières premières, minerai, houille, charbon de bois; puis des hauts-fourneaux, des fours à puddler, des machines à vapeur, des marteaux pilons, des laminoirs, etc., enfin, de nombreux ouvriers armés d'outils divers et accomplissant chacun une tâche déterminée. Cet aspect d'un établissement industriel nous permet de distinguer trois éléments de la production :

1° La *nature*, expression qui comprend, d'une part, la terre, c'est-à-dire l'emplacement; d'autre part, les agents naturels, c'est-à-dire les forces motrices de l'eau, de la vapeur, de l'électricité, etc.

2° Le *capital*, c'est-à-dire toutes les choses qui ont été réunies et disposées par un travail antérieur, pour servir à la production (bâtiments, fourneaux, machines, outils, approvisionnements de matières premières, etc.).

3° Le *travail*, c'est-à-dire l'action, l'effort actuel de l'homme (ouvrier, contre-maître, mécanicien, ingénieur), en vue de parvenir à un résultat déterminé.

Mais un quatrième élément concourt à la production; et cet élément, qu'on n'aperçoit pas de prime abord, joue, néanmoins, un rôle important. Cette vaste usine, qui l'a créée, en a conçu le plan, en a surveillé la construction, en a assemblé tous les rouages? Qui la gouverne, au double point de vue industriel et commercial? C'est le chef de l'entreprise, celui qu'on appelle l'*entrepreneur d'industrie*.

C'est l'entrepreneur qui, après des études préliminaires, a choisi l'emplacement convenable ; c'est lui qui, après avoir examiné les conditions industrielles et commerciales de l'entreprise, a surveillé la construction des bâtiments et l'installation des machines, amassé les matières premières, recruté les ouvriers, contre-maîtres, mécaniciens, comptables, ingénieurs, outillé et équipé tout le personnel. C'est lui qui a réuni les fonds nécessaires pour subvenir à toutes les dépenses.

Mais ce n'est pas tout. L'usine est établie ; elle fonctionne. L'entrepreneur est alors astreint à un labeur incessant. Il s'occupe de l'achat des matières premières, de l'écoulement des produits ; il a soin d'entretenir ses relations commerciales ; il cherche même à les étendre. Observateur attentif du marché, il connaît les prix, en note les variations. Il augmente la production si la demande est abondante, la restreint si la demande est rare. Il se met au courant des inventions récentes, des nouveaux procédés de fabrication ; il perfectionne son outillage, afin de pouvoir résister à la concurrence. En un mot, l'entrepreneur personnifie la direction générale de l'entreprise.

Ainsi, la nature (terre et agents naturels), le travail, le capital et l'entrepreneur concourent à la production de la richesse ; et, lorsqu'il s'agira de la répartition, nous verrons paraître ces divers agents qui tous (sauf la nature, dans le cas où elle prête gratuitement son concours) viendront réclamer leur part de la richesse produite.

## CHAPITRE II.

*De la nature considérée comme élément de la production.*

La *nature*, considérée comme l'un des agents de la production, fournit : 1° l'emplacement des industries ; 2° les matières premières sur lesquelles les industries s'exercent (minerais, houille, végétaux, animaux, etc.) ; 3° les forces actives que l'homme discipline, dirige et utilise pour transformer les matières premières (la pesanteur, le vent, l'eau, la chaleur, la lumière solaire, l'électricité, la végétation, etc.).

On ne peut s'occuper du rôle de la nature dans la production, sans dire quelques mots de l'influence qu'exerce le climat sur l'activité humaine. A la surface du globe, le climat varie avec la latitude. Selon qu'il est habituellement chaud, froid ou tempéré, il engendre des besoins d'espèce et d'intensité diverses. Or, l'activité économique se développe suivant la nature, l'étendue, la variété des besoins.

Il est certain que le climat influe considérablement sur l'industrie, sur les mœurs, sur la législation. « Ce sont, dit Montesquieu, les différents besoins dans les différents climats, qui ont formé différentes manières de vivre, et ces différentes manières de vivre ont formé les diverses sortes de lois (1). » « L'agriculture et l'industrie manufacturière sont soumises par la nature à des conditions particulières.

(1) Montesquieu. Esprit des lois. Livre XIV, chap. X.

Les pays de la zone tempérée sont spécialement propres au développement de l'industrie manufacturière; car la zone tempérée est la région des efforts intellectuels et physiques. Un pays de la zone torride ferait une tentative des plus funestes en cherchant à devenir manufacturier. N'y étant pas appelé par la nature, il avancera beaucoup plus en richesse et en civilisation, s'il continue à échanger ses productions agricoles contre les produits des manufactures de la zone tempérée (1). »

L'homme, avec l'aide de la science et par les applications multiples de la science à l'industrie, agit puissamment sur la nature. Cette puissance d'action est indéfinie, c'est-à-dire que la science et l'industrie progressent sans cesse et qu'on ne peut assigner de terme à ce progrès. D'âge en âge, le temps révèle les secrets de la nature. « Quoique toujours égale en elle-même, elle n'est pas toujours également connue. Les expériences, qui nous en donnent l'intelligence, se multiplient continuellement; et comme elles sont les seuls principes de la physique, les conséquences se multiplient à proportion. Les inventions des hommes vont en avançant de siècle en siècle (2). »

L'homme exerce une puissante action sur le sol, qu'il transforme et fertilise par des travaux, des procédés, qui sont l'objet de l'industrie agricole. A ce point de vue, Michelet a pu dire que « l'homme fait la terre. » La terre est d'ailleurs la principale source de toute production. D'une part, elle renferme des matières premières de toute espèce ; d'autre part, elle possède des facultés productives, qui se manifestent sous mille aspects divers et que l'industrie agricole utilise et s'efforce d'accroître.

---

(1) List. Système national d'Economie politique.
(2) Pascal. Pensées, première partie.

## Chapitre III.

*Du travail considéré comme élément de la production.*

Le *Travail* est l'un des agents essentiels de la production de la richesse ; il est l'âme de l'Industrie.

On peut aller jusqu'à dire que *toute richesse provient du travail ;* mais cette proposition n'est vraie que si l'on prend le mot « travail » dans son acception la plus large, que si l'on considère le travail comme un fait complexe embrassant à la fois : 1º l'action de l'homme sur la nature (c'est-à-dire la terre et les agents naturels) ; 2º le travail de conservation et d'épargne, par lequel on constitue le capital ; 3º le travail de direction et d'administration qui incombe à l'entrepreneur d'industrie.

Le Travail nous apparaît comme l'un des phénomènes économiques les plus importants. « Il a fait un nouveau monde. Osons dire plus : il a fait un nouvel homme. Allons plus loin encore : il a fait l'homme. Travailler, c'est se posséder. Travailler, c'est prévoir. Travailler, c'est connaître le rapport des moyens aux fins. Est-ce tout ? Non. C'est aussi s'engager aux autres hommes et demander qu'ils s'engagent de la même façon. C'est la vraie société qui commence. Elle ira s'étendant peu à peu aux limites du monde par la communication des idées, par les échanges de services et de produits de tout genre (1). »

La puissance du travail est merveilleuse : c'est le travail qui a transformé la terre; c'est lui qui a découvert et perfectionné tous les procédés industriels; c'est lui qui, associé à l'épargne, a créé le capital sous toutes ses formes.

Voici, par exemple, deux terrains de même contenance; l'un est, depuis longtemps, cultivé, c'est-à-dire labouré, hersé, amendé...; on y a semé du froment, de l'avoine ou quelqu'autre grain; l'autre terrain, resté toujours sans culture, n'est qu'une lande couverte de ronces. Il est évident que le premier se vendra beaucoup plus cher que le second. Pourquoi? Parce qu'il a été amélioré par le travail, et que cette amélioration fait une grande partie de la valeur attribuée à la terre. Si d'une montre en or ou en argent vous retranchez, par la pensée, tout le travail qui lui a été successivement appliqué, que restera-t-il? Quelques fragments de minéral enfouis dans la terre où ils n'ont qu'une très faible valeur. De même, considérez une maison; décomposez-la par la pensée et retranchez-en les travaux sucessifs que sa construction a nécessités. Que restera-t-il? Un amas de pierres brutes et de bois, quelques fragments de marbre, quelques morceaux de fer. Qu'est-ce qui a donné à cette montre, à cette maison, la valeur qu'elles possèdent? C'est le travail.

L'homme est une force, mais une force à la fois physique, intellectuelle et consciente (c'est-à-dire libre et raisonnable). Or le travail est l'action de cette force, l'effort volontaire, musculaire et intellectuel, plus ou moins réfléchi, plus ou moins énergique, plus ou moins persévérant, ayant pour but de produire les choses nécessaires à la satisfaction des besoins de l'homme.

---

(1) M. H. Baudrillart. Histoire du luxe privé et public. T. I, Livre I.

Tout travail, quelque matériel et grossier qu'il paraisse, suppose, dans une certaine mesure, l'exercice des facultés intellectuelles. Le cheval attelé à une voiture, les bœufs qui traînent une charrue, l'abeille, la fourmi, ne travaillent pas ; ces animaux ne font qu'obéir à un instinct machinal, inéluctable. La principale différence entre la raison de l'homme et l'instinct des animaux « consiste en ce que les effets du raisonnement augmentent sans cesse, au lieu que l'instinct demeure toujours dans un état égal. Les ruches des abeilles étaient aussi bien mesurées il y a mille ans qu'aujourd'hui ; et chacune d'elles forme cet hexagone aussi exactement la première fois que la dernière. Il en est de même de tout ce que les animaux produisent par ce mouvement occulte (1). »

L'homme seul travaille. Pour lui, d'ailleurs, le travail est à la fois un devoir et une nécessité, une condition de santé physique et de santé morale.

Tout travail suppose un effort intellectuel. « Qu'est-ce que le travail, a dit un philosophe, sinon le développement de la puissance productive de l'homme, l'exercice de la force qui le constitue ? Or, cette puissance productive, cette force qui constitue l'homme, c'est l'esprit. L'esprit, voilà la puissance dont le travail relève.... Toutes les forces de la nature, comme toutes les forces physiques de l'homme, ne sont que des instruments de cette force éminente, qui domine et emploie tous les autres (2). »

L'homme a reçu de le nature des qualités physiques et morales qui le rendent admirablement propre au travail. Il est doué d'intelligence, et cette intelligence est servie par des organes susceptibles d'acquérir, par l'application et l'exercice, une habileté, une adresse étonnantes. Il est perfectible et tend sans relâche à améliorer son sort. Sans

(1) Pascal. Pensées, première partie.
(2) V. Cou in. Histoire de la philosophie morale au XVIIIe siècle.

relâche aussi, il cherche à rendre plus puissants, plus effi-
caces ses moyens d'action sur la nature et les agents naturels.
Lorsqu'il a trouvé le bien, il vise à obtenir le mieux ; et, en
cela, il obéit à la loi du Progrès. L'homme est sociable ; il a
été créé pour vivre dans la société de ses semblables ; et la
sociabilité est chez lui un instinct impérieux. Cela est tellement vrai que l'état d'isolement, contraire à la loi naturelle,
devient en certains cas un cruel supplice. Le christianisme,
qui prêche l'égalité de tous les hommes, les doctrines philosophiques, qui proclament l'identité de nature de tous les
membres de la grande famille humaine, ont fortement contribué à développer l'esprit de sociabilité. Grâce à la sociabilité, le travail acquiert une puissance de plus en plus
grande, devient de plus en plus fécond : c'est elle, en effet,
qui, invitant les hommes à se réunir et à combiner leurs
efforts, a donné naissance à certains arrangements industriels, tels que l'association, la coopération, la division du
travail, dont le résultat est d'augmenter singulièrement
l'efficacité du travail individuel.

Enfin, les facultés de l'homme s'enrichissent de tous les
efforts d'intelligence faits par les générations antérieures,
de toutes les découvertes scientifiques qu'elles ont léguées
aux générations suivantes, travaux et découvertes qui sont
le patrimoine commun de l'humanité. « L'homme est, dans
l'ignorance, au premier âge de sa vie ; mais il s'instruit
sans cesse dans son progrès ; car il tire avantage, non-seulement de sa propre expérience, mais encore de celle de
ses prédécesseurs ; il garde toujours dans sa mémoire les
connaissances qu'il s'est une fois acquises...., et comme il
conserve ces connaissances, il peut aussi les augmenter
facilement.... De sorte que toute la suite des hommes, pendant le cours de tant de siècles, doit être considérée comme
un homme qui subsiste toujours et apprend continuellement (1). »

_____

(1) Pascal. Pensées, première partie.

Complétons ces notions générales par une observation qui a son importance.

Le travail, avons-nous dit, est un effort intellectuel et musculaire, plus ou moins pénible, *ayant pour but de produire les choses nécessaires à la satisfaction des besoins de l'homme*. Il suit de là qu'un effort intellectuel et musculaire, quelque pénible qu'il soit, ne mérite le nom de travail que s'il est fait en vue d'obtenir un résultat utile. Ainsi, creuser avec peine un puits profond et le combler aussitôt en y rejetant les matières extraites, démolir sans nécessité une maison et la reconstruire ensuite sur le plan et avec les matériaux primitifs, ce sont là évidemment des efforts pénibles ; mais ces efforts ne produisent aucun résultat utile, n'accroissent en aucune façon la richesse générale et rappellent ceux des Danaïdes qui versaient sans cesse de l'eau dans un tonneau sans fond. Ce n'est pas là le travail, tel que l'entend l'Économie sociale. Au point de vue de la science, tout travail est productif, ou, pour mieux dire, « tout travail rationnel, c'est-à-dire qui ajoute quelque utilité aux choses, est productif (1). »

------

(1) Adam Smith. Causes de la richesse des nations.

# Chapitre IV

## *De la division du travail.*

La *Division du travail* est une expression frappante de la sociabilité; elle consiste en ce que, par suite d'un accord formel ou tacite, plusieurs personnes comptent les unes sur les autres pour coopérer à l'œuvre de la production et agissent séparément dans un même but.

La division du travail a pour effet de rendre le travail plus productif, d'en accroître la puissance. Considérons, par exemple, ce qui a lieu dans les fabriques d'épingles, celles de cartes à jouer, celles d'horlogerie. Il faut 20 opérations distinctes et le concours de 20 ouvriers pour faire une épingle. Ces 20 ouvriers peuvent, dans une journée, fabriquer 100,000 épingles, soit 5,000 par ouvrier. — Il faut 70 opérations séparées et le concours de 30 ouvriers pour faire une carte à jouer. Ces 30 ouvriers font, en un jour, 15,000 cartes, soit 500 par ouvrier. — Enfin, pour fabriquer une montre, il faut plus de 100 opérations distinctes et plus de 100 ouvriers. Or il est prouvé que, si le même ouvrier voulait fabriquer, à lui seul, l'épingle ou la carte à jouer, il achèverait avec peine, dans une journée, 20 épingles ou 50 cartes; il lui faudrait, dans les mêmes conditions, un temps infini pour fabriquer une montre.

La division du travail en augmente la puissance, parce que l'homme qui fait toujours une même chose parvient à la faire plus facilement, plus vite et mieux. Elle simplifie la tâche de chaque ouvrier en la réduisant à un acte uniforme. L'ouvrier, ayant toujours la même occupation, évite la perte de temps qui a lieu lorsqu'on passe fréquemment d'un genre d'occupation à un autre. En outre, la division du travail permet de proportionner l'ouvrage aux facultés physiques et intellectuelles de chacun et d'utiliser ainsi les aptitudes diverses : tel ouvrage, en effet, exige la force musculaire ; tel autre réclame de l'agilité, de l'adresse ; tel autre enfin demande de la patience.

L'*Industrie* offre un exemple saillant de la division du travail ; elle se partage en cinq grandes branches qui sont : les industries *agricole extractive, manufacturière, commerciale* et *des transports*. Chacune de ces branches principales se subdivise elle-même en une multitude de branches secondaires ; et, dans chacune de ces dernières, la division du travail est poussée, pour ainsi dire, jusqu'à l'infini.

La division du travail est un indice de civilisation et de progrès : d'une part, elle n'est pratiquée sur une vaste échelle que chez les nations civilisées ; d'autre part, elle s'accentue d'autant plus que l'industrie humaine progresse davantage. A l'origine des sociétés, dans l'état patriarcal, la division du travail est presque nulle : chacun produit tous les objets dont il a besoin. La population augmentant, l'industrie prend naissance ; aussitôt apparaît, dans une certaine mesure, la division du travail. Lorsqu'enfin on arrive à l'état économique proprement dit, on voit la division du travail se pratiquer largement et s'accroître proportionnellement au progrès de l'industrie et de la civilisation.

On peut, à ce point de vue, comparer l'état économique d'une société à un organisme animal. Chez les animaux, appelés mammifères, qui, dans le règne animal, occupent le sommet de l'échelle, chaque fonction est accomplie par un organe spécial. Chez les animaux d'un ordre inférieur, deux ou plusieurs fonctions sont dévolues au même organe. Enfin, au bas de l'échelle, chez les représentants les plus imparfaits du règne animal, tous les organes et toutes les fonctions se trouvent confondus dans une masse homogène. De même que la perfection d'un organisme animal se mesure d'après la division plus ou moins grande du travail organique, de même on peut juger de l'état économique d'une société d'après le degré qu'y a atteint la division du travail. L'organisation sociale se perfectionne et s'élève, à mesure que la division du travail et des fonctions va en augmentant.

# Chapitre V

## De la liberté du travail.

La *liberté du travail* est le droit qu'a tout individu d'exercer le métier qui lui convient le mieux et de ne pas être contraint, par des moyens matériels de coercition, à accomplir telle ou telle tâche. « Forcer un homme à suivre une carrière qui lui répugne et le détourner de celle qui lui convient, l'entraver dans l'exercice de sa profession, tant que cet exercice se maintient dans la limite du respect d'autrui, c'est une évidente injustice (1). »

Le principe de la liberté du travail, méconnu dans l'antiquité, méconnu aussi durant le moyen-âge et sous l'ancienne monarchie, n'a été définitivement admis et proclamé, dans notre pays, qu'en 1791.

Il y a eu, jusqu'au IXe siècle après notre ère, une nombreuse classe d'hommes qu'on appelait les *esclaves;* on peut juger par diverses circonstances combien était misérable leur condition. L'esclave était la propriété de son maître. Le maître exerçait une autorité absolue sur la personne de

---

(1) M. H. Baudrillart. Manuel d'économie politique. Deuxième partie, Chap. III.

ses esclaves et avait le pouvoir de les appliquer à la torture, même de les punir de mort, sans qu'aucun juge eût droit d'intervenir. Les esclaves ne pouvaient exiger de leur maître que la subsistance et le vêtement ; tous les profits de leur travail lui appartenaient. Le maître employait habituellement ses esclaves aux travaux les plus pénibles ; mais, en général, le travail servile était peu productif, l'esclave n'ayant aucun intérêt à bien travailler. L'esclavage, institution barbare, monstrueuse, était la négation absolue de la liberté du travail.

Au moyen-âge, la féodalité substitua le servage à l'esclavage. La condition du *serf* était moins dure que celle de l'esclave ; mais le servage, de même que l'esclavage, sacrifiait entièrement la liberté du travail.

On sait que le gouvernement féodal avait fini par dégénérer en un système d'oppression. « Les nobles, dont les usurpations étaient devenues excessives et intolérables, avaient réduit le corps entier du peuple à un état de véritable servitude ; et la condition de ce qu'on appelait les hommes libres n'était guère meilleure que celle du peuple. Cette oppression ne tombait pas seulement sur ceux qui habitaient la campagne et cultivaient les terres de leurs seigneurs ; les villes et les villages relevaient de quelque grand baron, dont ils étaient obligés d'acheter la protection et qui exerçait sur eux une juridiction arbitraire. Les habitants étaient privés des droits naturels et inaliénables de l'espèce humaine. Ils ne pouvaient disposer de leur industrie, ni par un testament, ni par aucun acte passé pendant leur vie... Ils étaient obligés d'acheter de leur seigneur la permission de se marier... On exigeait d'eux, sans indulgence et sans pitié, des services de toute espèce, souvent aussi humiliants qu'onéreux. L'esprit d'industrie était gêné dans quelques villes par des règlements absurdes, et dans d'autres par d'injustes exactions. Les maximes étroites et tyranniques d'une aristocratie militaire ne pouvaient manquer d'arrêter les progrès de toute industrie (1). »

Au XI° et au XII° siècles, le peuple des villes commença à s'éveiller. Les villes se formèrent en communautés politiques et obtinrent le droit d'avoir une juridiction municipale ; puis, tournant leur attention vers le commerce et comprenant les avantages qu'elles pouvaient en retirer, elles songèrent à secouer le joug des seigneurs et à établir un gouvernement populaire qui donnât aux habitants la liberté civile, leur assurât la propriété des biens et encourageât les arts et l'industrie. Ce fut l'époque de l'émancipation des communes et de l'établissement des corporations ou corps de métiers.

« La jouissance de la liberté produisit un changement si heureux dans la condition de tous les habitants des communes, qu'on les vit bientôt sortir de cet état de stupidité et d'inaction où les tenaient enchaînés auparavant l'oppression et la servitude. L'esprit d'industrie se ranima ; le commerce devint un objet d'attention et commença à prospérer; la population augmenta sensiblement... (2). » Le serf, devenu le *vilain*, acquit, à la fois, la liberté personnelle et le droit de propriété. Les vilains devaient à leurs maîtres une rente fixe pour la terre qu'ils cultivaient; et dès qu'ils avaient payé ce tribut, les fruits de leur travail et de leur industrie leur appartenaient en toute propriété. L'ouvrier devint bourgeois de la commune affranchie et membre d'une corporation. Au servage succéda le régime de la *réglementation* et du *privilège*.

Sous ce régime, l'individu, qui voulait exercer un métier, devait se faire recevoir dans la corporation établie pour ce

<hr>

(1) W. Robertson. Tableau des progrès de la Société en Europe. Section première.

(2) W. Robertson. Id.

métier, ou obtenir directement soit du roi, soit du seigneur, le droit de travailler. La corporation, dont l'artisan désirait être membre, l'obligeait à subir une longue épreuve : il était d'abord *apprenti* ; puis, il passait *compagnon* ; enfin il pouvait, après examen', devenir *maître*. Dans chaque corps de métier, le nombre des apprentis, des compagnons, des maîtres, était rigoureusement fixé. Des règlements déterminaient la durée de chaque période d'instruction, les heures de travail, les procédés de fabrication, les matières à employer et les peines attachées à chaque infraction. Cet état de choses, malgré ses inconvénients, dura fort longtemps, tellement est grande la puissance de la routine ! Au XVIIe siècle, Colbert, ministre de Louis XIV, crut agir sagement en réglementant, d'une façon aussi sévère que minutieuse, l'industrie manufacturière.

L'institution des corporations ou corps de métiers et la réglementation exagérée de l'industrie, qui en était la conséquence, engendrèrent des abus de toute sorte. Néanmoins, cette organisation du travail, quelque défectueuse qu'elle nous paraisse aujourd'hui, eut, jusqu'à un certain point, sa raison d'être, à l'époque où elle prit naissance. Malheureusement, elle subsista longtemps après être devenue inutile et même nuisible.

Des hommes éminents, qui se préoccupent de la solution des problèmes sociaux, estiment que le retour aux institutions des corporations ou corps de métiers serait tout à fait conforme aux intérêts des classes pauvres et laborieuses, qu'organiser le travail comme il l'était sous le régime des corporations, ce serait apporter un remède efficace aux maux dont souffre parfois la population ouvrière.

Cette thèse est combattue par la plupart des économistes : on fait remarquer qu'à tort elle ne tient aucun compte des transformations radicales que les découvertes scientifiques, les progrès de l'industrie, la facilité et la rapidité des communications, la multiplicité des échanges, l'extension indéfinie du marché, la concurrence universelle, ont introduites dans les conditions économiques de toutes les classes de la société. L'institution des corporations ouvrières, que certains écrivains préconisent aujourd'hui, et qui avait déjà de graves inconvénients au moyen-âge, était, du moins, à cette époque, en harmonie avec l'état général de la société ; mais il est manifeste qu'une pareille organisation du travail serait absolument incompatible avec les idées, les mœurs, les nouvelles conditions économiques de la société moderne.

Ce fut dans la seconde moitié du XVIII° siècle, que, sous l'influence des doctrines philosophiques, on commença à proclamer la liberté du travail. Turgot, célèbre économiste, nommé par Louis XVI contrôleur général des finances, rédigea et fit signer, en février 1776, des édits supprimant les maîtrises et les jurandes, qui enchaînaient l'industrie, et abolissant les corvées, qui étaient un des derniers vestiges de la servitude féodale. Supprimer les maîtrises et les jurandes, c'était faire entrer la liberté dans l'industrie, inaugurer le régime de la liberté du travail. Turgot déclarait résolûment la guerre aux abus. Les privilégiés, hostiles aux innovations, se soulevèrent et se coalisèrent contre le ministre réformateur qui, le 12 mai 1776, fut obligé de se retirer. Au mois d'août suivant, le roi, sur les instances des privilégiés, eut la faiblesse de consentir au rétablissement des corvées, des maîtrises et des jurandes.

La Révolution reprit l'œuvre de Turgot. Une illustre assemblée, la Constituante, qui a accompli les grandes réformes sur lesquelles est basé notre nouvel ordre social, a, par un décret du 2 mars 1791, aboli les maîtrises et les jurandes, délivré de toute entrave l'industrie et le commerce, et proclamé hautement la liberté du travail.

La liberté du travail est un droit naturel. L'homme, propriétaire de ses facultés physiques et intellectuelles, est, par cela même, propriétaire de l'exercice des dites facultés. Sur ce point, on ne saurait mieux faire que de rappeler le sublime préambule mis par Turgot en tête de l'un de ses édits : « Dieu, disait-il, en donnant à l'homme des besoins, en lui rendant nécessaire la ressource du travail, a fait du droit de travailler la propriété de tout homme, et cette propriété est la première, la plus sacrée et la plus imprescriptibles de toutes. Nous regardons comme un des premiers devoirs de notre justice... d'affranchir nos sujets de toute atteinte à ce droit inaliénable de l'humanité. »

La liberté du travail en augmente la puissance et la fécondité. Le travail, avons-nous dit, est un effort à la fois musculaire et intellectuel : l'intelligence y joue toujours un rôle plus ou moins actif. Tout ce qui contribue à fortifier, à accroître les qualités morales et intellectuelles du travailleur, accroît donc, en même temps et nécessairement, la puissance du travail.

L'ouvrier qui a choisi librement son métier, qui l'exerce sans entraves, y prend goût, s'y applique, essaie de se perfectionner. Le travail libre est estimé, honoré, ce qui donne au travailleur un légitime amour-propre et le désir de bien faire. Enfin la liberté du travail, rehaussant l'ouvrier à ses propres yeux, lui inspire le sentiment de la dignité professionnelle.

Le lecteur a, du reste, très bien compris que, dans tout ce chapitre, il est question du *droit de travailler librement* et non du *droit au travail.*

## Chapitre VI.

### *Du capital considéré comme élément de la production.*

Le *capital*, si l'on prend ce mot dans son acception la plus large, est « l'ensemble des moyens d'action que l'humanité a successivement acquis sur le monde extérieur (1). » Ces moyens d'action, l'homme les a créés par le travail, perfectionnés avec l'aide de la science, conservés par la prévoyance et l'épargne.

L'homme, à son berceau, s'est trouvé dans un état de dénûment absolu, n'ayant ni logis pour s'abriter, ni vêtements pour se couvrir, ni provisions pour se nourrir, ni outils pour cultiver la terre, ni armes pour se défendre.... Son ignorance égalait son dénûment ; il n'avait aucune notion des richesses minérales et végétales que renferme le sol, aucune idée des forces naturelles et du parti qu'on en peut tirer. Ainsi, dans le monde primitif, l'homme ne possédait aucun moyen d'action sur la nature ; le capital n'existait pas.

Par des efforts séculaires, physiques et intellectuels, par

(1) M. A. Jourdan. Cours analytique d'économie politique. Chapitre XVII.

un labeur opiniâtre, l'humanité a acquis des moyens d'action sur le monde extérieur, et les a, peu à peu, étendus et perfectionnés. Le capital a suivi, dans leur marche ascendante, les progrès des sciences, des arts et de l'industrie, en un mot, les progrès de l'esprit humain.

En considérant la société dans son état actuel, il est aisé de donner, par quelques exemples, une idée générale du capital. Font partie du capital tous les établissements industriels, usines et manufactures, avec leurs bâtiments, leurs machines et instruments de toute sorte, leurs approvisionnements de matières premières ; les chemins de fer avec leur immense outillage ; les canaux ; les navires de commerce, etc., etc...

Mais il existe, à côté du capital *matériel*, un capital d'une autre nature, plus précieux peut-être, et qu'on appelle le capital *immatériel* ou *intellectuel*. Si, par exemple, nous entrons dans une manufacture quelconque, nous voyons des bâtiments, des magasins, des machines, des outils, des matières premières ; c'est là le capital matériel. Or, cette manufacture n'est, par elle-même, qu'une chose inerte. Ce qui lui donne le mouvement, l'activité, la vie, c'est le capital immatériel : la dextérité de l'ouvrier, l'habileté technique du mécanicien, les connaissances scientifiques de l'ingénieur, l'intelligente direction de l'entrepreneur. Ce capital immatériel s'est formé lentement, progressivement, et n'est rien autre chose que l'ensemble des qualités morales et des forces intellectuelles de l'humanité.

« Le capital immatériel porte en lui-même une puissance productive indéfinie. Chaque découverte est comme le germe d'une découverte ou d'un perfectionnement à venir... En outre, le capital intellectuel et moral contribue au développement du capital matériel par les sciences appliquées, l'assiduité au travail, les habitudes d'économie, etc.... Du jour où le capital intellectuel et moral d'une nation aurait disparu, son capital matériel, bien loin de se développer, ne pourrait plus même se reproduire (1). »

Outre le capital qui appartient aux personnes privées, il y a ce qu'on peut appeler le capital *public*, — capital énorme que l'Etat met, sous certaines conditions, à la disposition des particuliers (les routes, les canaux, les établissements d'instruction publique, les bibliothèques, les musées, les observatoires, les jardins zoologiques, etc...).

---

(1) M. H. Baudrillart, Manuel d'Économie politique. Deuxième partie. Chapitre IV.

## CHAPITRE VII.

### Capital de jouissance et capital de production, — Capital fixe et capital circulant.

Le capital de *jouissance* est l'ensemble des objets destinés à l'usage personnel, à la consommation journalière de chaque individu et de sa famille. On entend par capital de *production* « celui qui est spécialement et intentionnellement affecté à la production, qui, combiné avec les autres éléments de la production, aboutira à un produit, c'est-à-dire à un bien économique, dont la valeur doit être au moins égale à l'ensemble des valeurs qui ont été consommées pour le créer (1). » En d'autres termes, le capital de production est cette partie de la richesse créée qui est destinée et qui sert à la production d'une richesse nouvelle.

Les bâtiments et ateliers de la manufacture, les machines, les outils, les matières premières, les camions, les bureaux, la caisse, etc... Voilà le capital de production. La maison d'habitation du propriétaire de la manufacture, directeur de l'entreprise, son mobilier, les objets affectés à son usage

(1) M. A. Jourdan. Cours analytique d'Économie politique. Chapitre XVIII.

personnel, l'argent destiné aux dépenses de son ménage, sa voiture particulière, etc... Voilà le capital de jouissance.

Le capital de production est *fixe* ou *circulant*.

Prenons un exemple : dans un établissement métallurgique, les hauts fourneaux, les creusets, les machines à vapeur, les installations diverses ayant pour but de faciliter la production, constituent le capital *fixe*; — les approvisionnements de minerai, matière première destinée à être transformée, la houille et le charbon, destinés à faciliter cette transformation, la monnaie d'or et d'argent, destinée à acheter les matières premières et le combustible, enfin les produits fabriqués et destinés à être vendus, constituent le capital *circulant*. La réunion de tous ces objets (capital fixe et capital circulant) forme le capital de production.

Le capital *fixe* est ainsi nommé parce que, à part les détériorations provenant de l'usage ou d'accidents, il conserve la forme qui lui est propre, concourt à la production sans que ses qualités essentielles se modifient, et reste toujours là où l'industrie s'exerce. Au contraire; le capital *circulant* doit, pour concourir à la production, se modifier, se transformer ou passer de main en main. Dans l'usine, le capital circulant (minerais, houille, etc.) n'est productif que s'il se transforme. Dans la maison de commerce, le capital circulant (les marchandises) n'est productif que s'il passe de main en main, c'est-à-dire si les marchandises achetées sont revendues.

L'adjectif « fixe » ne doit pas ici être pris dans son acception littérale, et n'implique, en aucune façon, l'idée d'une attache matérielle rendant l'objet immobile. De plus, les choses, au moins en général, ne sont pas, par elles-mêmes et par essence, capital fixe ou capital circulant ; c'est plutôt la destination qu'on leur donne qui leur imprime l'un ou l'autre caractère. Ainsi, la locomotive qui circule sur la ligne de Paris à Lyon, par exemple, est capital *fixe* relativement à la compagnie de Paris-Lyon-Méditerranée, qui l'a achetée et qui l'emploie comme moteur et instrument de transport. Cette même machine était, au contraire, capital *circulant* relativement à l'usine (le Creuzot, par exemple) où elle a été construite, et dans laquelle elle était un produit destiné à être vendu. De même, dans une ferme, les bœufs destinés au labour sont un capital fixe ; ceux qu'on élève et qu'on engraisse pour les vendre aux bouchers sont un capital circulant.

## Chapitre VIII.

### *Du capital sous forme de machines.*

Le capital, sous ses diverses formes, est, pour le travail, un précieux auxiliaire. Sous la forme de *machines* ou engins mécaniques perfectionnés, il augmente d'une manière prodigieuse la puissance productive de l'homme. « A mesure qu'un peuple progresse en civilisation, ses besoins matériels s'accroissent : une plus grande quantité d'objets de consommation de diverse nature lui devient nécessaire ; et cependant, à population égale, sa puissance en travail manuel diminue plutôt qu'elle n'augmente. L'homme ne peut rétablir l'équilibre qu'en faisant un meilleur usage de ses facultés, en donnant une plus large part au travail industriel, en s'étudiant à substituer à ses efforts musculaires ceux des agents mécaniques naturels, dont il apprend à utiliser les forces de mieux en mieux.... Par l'accumulation dans un seul atelier de forces jadis éparses, par la division du travail..., par un large emploi surtout des moteurs inanimés, le manufacturier est parvenu à réduire dans une forte proportion la main-d'œuvre. Il peut livrer ses produits à des prix très inférieurs à ceux d'autrefois, tout en augmentant le salaire de l'ouvrier (1). »

_____

(1) M. A. Duponchel. Traité d'hydraulique agricole. Préface.

L'homme, pour produire les objets nécessaires à la satisfaction de ses besoins, exerce une action sur les choses
matérielles ; cette action, malgré la diversité des aspects
sous lesquels elle se manifeste, est, en somme, toujours la
même : elle consiste à imprimer aux choses matérielles un
mouvement, à séparer, à réunir, à transporter. Pour agir
sur la matière, l'homme fait usage de sa force physique. Or,
les *machines* ont pour effet de décupler, de centupler, de
multiplier indéfiniment la force physique de l'homme.

En d'autres termes, les machines exercent sur la matière
l'action que l'homme exerce lui-même ; mais elles agissent
avec une puissance dix fois, cent fois, mille fois plus grande.

« L'ingénieur des mines, le raffineur, le filateur, etc...,
ont besoin de machines ; plus les machines sont perfectionnées, plus le travail s'exécute facilement. L'ouvrier lui-
même n'a plus que la *direction* du travail ; l'*effort brut* est
fait par les machines-outils. On peut dire, dès lors, que les
progrès de toutes les industries sont liés à ceux des industries mécaniques (1). »

Mettons en relief, par quelques exemples, l'utilité des
machines et les services qu'elles rendent à l'industrie. Dans
l'industrie agricole, une batteuse, de force moyenne, mue
par une locomobile à vapeur, peut produire journellement
150 à 200 hectolitres de blé avec une équipe de 12 à 15
ouvriers ; elle accomplit en deux jours l'ouvrage que plusieurs hommes, armés de fléaux, ont peine à achever en
trois ou quatre mois.

L'invention de la locomotive a transformé d'une façon
radicale l'industrie des transports. A l'époque où les chemins
de fer se sont établis, la vitesse moyenne des diligences
était de 200 kilomètres environ par 24 heures, soit 8 kilo-

(1) M. P. Foncin. La France. Géographie économique, p. 96.

mètres 1/3 par heure. La vitesse moyenne des trains ordinaires est, aujourd'hui, arrêts compris, de 32 kilomètres, et celle des trains express de 60 à 64 kilomètres par heure. C'est donc, en moyenne, marcher 6 fois plus vite.

Dans l'industrie des transports maritimes, l'emploi de la machine à vapeur a permis également de réaliser d'immenses progrès. On pourrait, d'ailleurs citer une foule d'autres machines ou engins mécaniques qui rendent à l'industrie les plus grands services (les horloges, les machines qui frappent les pièces de monnaie, les presses mécaniques, les machines à filer, à tisser, à coudre, les divers types de machines à vapeur employées dans les industries manufacturière et agricole, les télégraphes électriques, etc...).

Les machines sont de puissants auxiliaires de la production ; elles abrègent le travail ; par conséquent, plus elles se multiplient et se perfectionnent, moins il faut d'heures de travail pour obtenir les mêmes produits. Mais, a-t-on dit, si l'emploi des machines présente de grands avantages au point de vue de la production, il est, en définitive, préjudiciable aux ouvriers. En effet, de ce qu'une machine accomplit elle-même la tâche d'un certain nombre d'ouvriers, il résulte qu'on peut se passer du travail de ces ouvriers et que ceux-ci, privés de leurs salaires, se trouvent sans ressources. La fabrication d'un produit nécessite, par exemple, le travail de deux ouvriers et un salaire annuel de 1600 francs. Si, au moyen d'une machine nouvellement inventée, la fabrication du même produit n'exige plus que le travail d'un ouvrier, le fabricant, pouvant économiser 800 francs, ne manquera pas de congédier l'ouvrier devenu inutile ; et celui-ci se trouvera, dès lors, privé de son salaire et sans ressources. Donc, l'emploi des machines est nuisible aux ouvriers.

Cette conclusion est fausse ; voici, en effet, comment les choses se passent : dans l'hypothèse ci-dessus, le fabricant qui, en faisant usage d'une machine, n'a plus besoin que d'un ouvrier, qui congédie l'autre ouvrier et qui économise ainsi 800 fr., s'empresse de chercher, pour cette somme épargnée, un emploi productif ; et, d'une manière ou d'une autre, les 800 fr. épargnés, qui cherchent un emploi productif, et l'ouvrier inoccupé, qui cherche un salaire, finissent par se rencontrer.

Il est certain, du reste, que l'invention des machines n'a pas pour effet de diminuer le nombre des ouvriers. La grande usine métallurgique, les chemins de fer, la filature, l'imprimerie, emploient beaucoup plus d'ouvriers que n'en exigeaient la petite forge, les diligences, le fuseau, la copie. En outre, l'invention et l'usage des machines ont des résultats dont tout le monde profite : grâce aux machines, la production devient plus abondante, les produits sont à meilleur marché, la consommation augmente. On dit que la machine a affranchi le genre humain ; cela est vrai en ce sens qu'elle a apporté à l'homme, après la satisfaction de plus en plus facile de ses besoins rationnels (c'est-à-dire des besoins que la raison avoue et que l'hygiène détermine), plus de loisirs, plus de temps pour la culture intellectuelle.

## CHAPITRE IX

*De l'entrepreneur d'industrie considéré comme agent de la production.*

Nous avons indiqué déjà (V. Chap. I, Livre II), le rôle que joue l'*entrepreneur d'industrie* dans la production de la richesse ; il y a lieu de compléter par deux observations importantes ce qui a été dit sur ce point.

1º Il appartient à l'entrepreneur de réunir, de combiner dans une proportion convenable les trois autres éléments de la production : la nature (terre et agents naturels), le travail et le capital, — de déterminer, suivant les genres d'industrie, suivant les lieux et les circonstances, la mesure dans laquelle chacun des agents de la production doit apporter son concours. C'est là une tâche fort délicate, qui exige non seulement des connaissances spéciales, mais encore de la prudence et du discernement.

2º L'entrepreneur est responsable, c'est-à-dire qu'il produit à ses risques et périls. Celui qui dirige un établissement industriel n'est pas un entrepreneur par cela seul qu'il s'est assuré la coopération du propriétaire, qui représente la terre, du capitaliste, qui représente le capital, et de l'ouvrier qui représente le travail. Il n'est entrepreneur que si, s'étant engagé à payer au propriétaire, au capitaliste et à l'ouvrier, un fermage, un intérêt et un salaire fixes, quel que soit le résultat de la production et de l'entreprise, il opère et produit à ses risques et périls.

L'ouvrier, qui travaille à la journée pour un patron et qui, en conséquence, ne produit pas à ses risques et périls, n'est pas un entrepreneur. Il devient entrepreneur, s'il loue un magasin, achète des marchandises et attend la clientèle, ou si, travaillant pour son propre compte, il se met à fabriquer d'avance des produits qu'il espère vendre.

## Chapitre X.

### De l'Industrie agricole. — Agriculture et Sylviculture.

L'industrie *agricole* a pour objet d'utiliser la puissance productive du sol, à l'effet d'obtenir les céréales, les fruits, les textiles, etc..., et d'élever le bétail qui fournit la viande, la laine, le cuir, etc... C'est elle qui pourvoit à notre alimentation; par elle, vit et travaille, en France, une population de 22 millions d'habitants. L'industrie agricole représente une valeur de 55 milliards environ de capital fixe, et sa production totale monte annuellement à 8 milliards de francs.

« L'agriculture d'un pays dépend de la nature du sol et du climat.... L'homme subit certaines conditions de sol et de climat; mais il peut les améliorer par son travail. Cette action de l'homme est plus ou moins féconde, selon qu'il vaut plus ou moins, qu'il est plus ou moins laborieux et instruit, qu'il a su se donner des institutions plus ou moins favorables au progrès agricole. Le Français est travailleur, comme on l'est partout dans la zone tempérée où le climat n'accable pas.... On sait que la superficie de la France est, en chiffres ronds, de 53 millions d'hectares. Les

villes, villages, cours d'eau, occupent 4 millions d'hectares ;
les 49 millions qui restent forment le *sol agricole* (1). »

Le sol agricole se divise en terres de labour (26 millions
d'hectares) ; vignobles (de 2 à 3 millions d'hectares) ; bois
et forêts (8 millions d'hectares) ; prairies naturelles et pâtu-
rages (8 millions d'hectares) ; terres incultes, landes et
marécages (4 millions d'hectares).

Les animaux qui intéressent l'agriculture sont : 1º le
bétail (chevaux, ânes, mulets, bœufs, vaches, veaux, moutons, brebis, agneaux, porcs et chèvres) ; 2º les animaux de
basse-cour, les abeilles, le gibier, les vers à soie, le poisson,
les huîtres. L'élevage du bétail est un des objets essentiels
de l'industrie agricole. « Non seulement les bestiaux, employés comme animaux de trait, sont indispensables au
cultivateur pour tous ses travaux, mais ils lui fournissent
du fumier, le meilleur des engrais, et ils sont pour lui une
source de revenus par les bénéfices qu'on retire de la vente
des viandes de boucherie, du laitage, des peaux, de la laine,
du suif, etc... (2). »

Les travaux, qui se rapportent à l'industrie agricole, ont
été partagés en plusieurs catégories ; on distingue : 1º les
travaux destinés à préparer la terre avant de l'ensemencer ;
2º ceux qui consistent à ensemencer, à cultiver et à récolter
les divers produits ; 3º ceux qui ont pour but de conserver
et de mettre en état les produits récoltés, destinés à être
vendus ; 4º les travaux relatifs à l'élevage et à la reproduction
des animaux, ainsi qu'à l'apprêt des produits qu'on en tire.
Les travaux de la première catégorie, qui sont fort intéres-
sants, puisqu'ils ont pour effet direct d'accroître les forces
productives du sol, comprennent les défrichements, les

---

(1) P. Foncin. La France. Géographie économique, pages 94 et
suivantes.

(2) P. Foncin. Idem.

amendements, les fumures et les ameublissements. L'exposé technique des procédés, destinés à améliorer et à féconder le sol, est du ressort de l'Économie rurale. Toutefois, il y a une branche de l'Économie rurale que nous devons signaler, en raison de son importance, c'est l'Économie forestière.

« Les forêts forment une portion notable de la richesse agricole ; leur existence se rattache, en outre, à des considérations d'hygiène nationale et même de sécurité publique ; elles protègent contre les torrents les habitants des plaines ; elles offrent la matière nécessaire à la construction des vaisseaux ; elles ont enfin plusieurs genres d'utilité qui toutes nécessitent une longue durée. Il n'en est pas, en effet, des forêts comme des moissons, dont la croissance est annuelle ; le plus souvent même, la génération qui a semé ou planté l'arbre n'est pas celle qui l'abattra pour en tirer le bois de chauffage ou de construction nécessaire aux usages privés ou d'une utilité générale. L'intérêt privé agirait même ici, en beaucoup de cas, d'une façon inverse à l'intérêt public. Pressé de jouir, il se livrerait à des exploitations hâtives ou à de funestes défrichements qui établiraient presque partout les cultures à court terme qui donnent un revenu plus prompt et généralement plus élevé. Aussi, la plupart des Etats, d'accord avec le plus grand nombre des publicistes et des économistes qui ont traité cette matière, ont-ils pensé que la propriété particulière serait insuffisante et même impropre à garantir la conservation des forêts ; ils ont reconnu la nécessité d'un propriétaire immuable et impérissable, comme l'Etat ou les communes.... L'Etat seul représente l'ensemble des intérêts sociaux et leur donne les garanties nécessaires ; voilà pourquoi l'Etat possède des forêts, concurremment avec les communes et avec les individus, et cela, non pas seulement en France, mais dans toute l'Europe et même en Amérique, c'est-à-dire chez la

nation la plus réfractaire à l'intervention gouvernemen-
tale (1). »

En France, la propriété des 8 millions d'hectares de forêts
se répartit de la manière suivante : l'Etat possède 1 million
d'hectares ; les communes, les hôpitaux en possèdent deux
millions ; le surplus (5 millions d'hectares) appartient aux
particuliers. Les arbres, qui croissent dans la majeure partie
de nos forêts, sont : le chêne ordinaire, le charme, le hêtre,
l'orme et le frêne. Les bois exotiques employés dans l'ébénisterie (acajou, ébène, palissandre), nous viennent des
pays intertropicaux, et particulièrement des Antilles, de la
Guyane, du Brésil et du Sénégal.

« Les forêts sont fort utiles : elles consolident le sol des
montagnes et préviennent les éboulements ; elles retiennent
les eaux des pluies, comme une éponge qui s'imbibe peu à
peu, et elles rendent les inondations moins dangereuses ;
elles exercent une influence considérable sur le climat, en
rendant les pluies plus fréquentes. Le déboisement imprévoyant des montagnes, et notamment des Pyrénées et des
Alpes, a causé souvent d'irréparables désastres. Aussi l'Etat
intervient-il dans l'exploitation des forêts, pour régler la
coupe des arbres et entreprendre, d'après un plan d'ensemble, le reboisement et le gazonnement des régions
forestières dénudées (2). » — « Il est vrai que déboisement
et civilisation ont été longtemps des termes corrélatifs ;
quand les forêts couvraient encore la plus grande étendue
des campagnes, les clairières que faisait la hache étaient les
étapes du cultivateur et du fondateur de villes ; mais il y a
longtemps que la mesure a été dépassée dans l'œuvre de
destruction. Quoique la France ait encore près de 8 millions

(1) M. H. Baudrillart. Manuel d'Économie politique. 2ᵉ partie,
Chap. VI.

(2) P. Foncin. Loc. cit.

4

d'hectares de forêts et de bois, soit plus de la septième partie de son territoire, élle est loin de se suffire pour la la production du bois ; elle fournit à peine le tiers de la quantité dont elle a besoin ; et presque tout le bois de construction lui vient de l'étranger, au prix de plus de 100 millions par an. On évalue à onze cent mille hectares la surface des terrains qu'il serait utile de reboiser (1). »

Les lois qui régissent la propriété du sol exercent une grande influence sur le développement de l'industrie agricole. En pareille matière, le législateur doit, avant tout, garantir énergiquement la sécurité dé la propriété. Il doit ensuite éviter de porter atteinte à la liberté des conventions translatives de propriété : les lois qui entravent cette liberté empêchent la propriété territoriale d'arriver aux mains de ceux qui sont les plus capables d'en tirer parti ; et elles mettent obstacle aux transformations que les modes de culture doivent subir pour répondre à des besoins toujours croissants.

L'industrie agricole, depuis un demi-siècle, a fait des progrès sensibles ; et les crises, plus ou moins graves, dont elle a parfois à souffrir, ne l'empêchent pas de persévérer dans le voie des améliorations et des perfectionnements. « Quoique le nombre des agriculteurs diminue, les produits du sol ne cessent de s'accroître. L'exploitation du sol est, il est vrai, l'industrie qui progresse avec le plus de lenteur, précisément parce qu'elle est la plus antique et que tous ses procédés, transmis de père en fils, sont imposés par la routine ; néanmoins, la révolution se fait dans le monde agricole, comme elle s'est déjà faite dans le monde industriel ; la division du travail s'est introduite dans la culture, et le paysan, plus instruit, comprenant mieux la terre, sait lui faire rendre plus de fruits en échange de moins d'efforts (2). »

(1) Elisée Reclus. Nouvelle Géographie universelle. T. II, p. 860.
(2) Elisée Reclus.                    Idem,              p. 846.

## Chapitre XI.

### De l'Industrie extractive.

L'industrie *extractive* consiste dans l'exploitation des *mines*, des *minières* et des *carrières*, exploitation qui a lieu soit à ciel ouvert, soit avec des galeries souterraines. Les *mines* contiennent de l'or, de l'argent, du platine, du mercure, du cuivre, du fer, du plomb, du zinc, du bismuth, de la houille, du soufre, des sulfates à base métallique, etc.,. Les *minières* comprennent les minerais de fer dits d'alluvion, les terres pyriteuses, les terres alumineuses, les tourbes. Les *carrières* renferment les marbres, les granits, les ardoises, les grès, les pierres à chaux et pierres à plâtre, les craies, les marnes, argiles, kaolins, etc.... L'industrie extractive joue un rôle considérable dans la production de la richesse ; c'est elle qui fournit l'*or*, l'*argent*, la *houille* et le *fer*, ces quatre éléments si puissants de l'activité économique.

A part un peu d'argent mêlé au plomb (plomb argentifère), le sol de la France ne renferme pas de métaux précieux. L'*or* nous arrive de l'Australie, de l'Amérique du Sud, de la Guyane, de la Californie et de la Sibérie. L'*argent* nous vient des Etats-Unis, du Mexique et de l'Amérique du Sud.

« La *houille* est le « pain » de l'industrie ; elle alimente les machines à vapeur, les locomotives, etc., pour lesquelles elle est ce qu'est la nourriture aux hommes et aux animaux qui travaillent. De plus, la houille est utilisée pour retirer les métaux de leurs minerais, pour fournir le gaz qui éclaire nos villes, pour chauffer nos maisons... Le *fer* est, avec la houille, le principal élément de l'industrie moderne. Un lien très étroit les unit même l'un à l'autre, car c'est surtout avec la houille qu'on réduit le minerai de fer. Aussi les conditions de la fabrication du fer ne sont-elles vraiment favorables que lorsque les mines de fer sont à proximité des mines de houille. Les minerais de fer sont réduits en fonte dans les hauts fourneaux. La fonte, suivant la quantité de carbone qu'on lui laisse, prend le nom de fer ou d'acier (1). »

Le sol de la France, riche en houille et en fer, est assez bien pourvu en plomb. Les autres métaux nous arrivent des pays étrangers. Le cuivre nous est fourni par l'Angleterre, le Chili, les Etats-Unis ; le zinc par la Belgique et la Prusse ; l'étain nous vient de l'Angleterre, de la presqu'île de Malacca et d'une des îles de l'Archipel de la Sonde. L'aluminium, que l'on rencontre dans les argiles, est fabriqué près d'Alais (Gard). Le soufre nous est fourni par la Sicile ; on le tire aussi, en assez grande quantité, des pyrites de fer de l'Ardèche, du Gard et du Rhône. Enfin, le sel est extrait soit directement des mines de sel (sel gemme), soit des marais salants, au moyen de l'évaporation.

----

(1) P. Foncin. La France, Géographie économique, page 94.

## Chapitre XII

### *De l'industrie manufacturière*

L'industrie manufacturière a pour objet la transformation de matières premières par des procédés mécaniques et chimiques. (Les matières premières sont des produits non encore travaillés).

Les diverses branches de l'industrie manufacturière répondent aux principaux besoins de l'homme. L'homme a besoin de se nourrir : de là les industries alimentaires (préparation de la farine et des pâtes, fabrication de l'huile, du sucre, etc ). L'homme a besoin de se vêtir : de là les industries textiles (fabrication des tissus de laine, de lin, de coton, de soie, etc.). L'homme a besoin de machines et d'outils pour le travail, d'armes pour la guerre : de là les industries mécaniques, qui transforment le fer et les autres métaux en outils, en machines, en armes, etc. L'homme a besoin de se loger : de là l'industrie du bâtiment (maçonnerie, charpenterie, menuiserie, serrurerie, etc.), et celle de l'ameublement (ébénisterie, papiers peints, porcelaine et faïence, cristaux, horlogerie, etc.). L'homme applique à son bien-être des produits dont l'usage lui est indiqué par la science : de là les industries chimiques (produits chimiques et pharmaceutiques, savons, bougies, etc.). Enfin, l'homme a des

besoins intellectuels auxquels on doit pourvoir : de là certaines industries, telles que la papeterie, l'imprimerie, la
fabrication des instruments de musique, etc.

« L'industrie manufacturière a toujours été considérée
comme une abondante source de richesse... Elle satisfait à
de nombreux et universels besoins, et jouit de l'avantage
de pouvoir marcher toute l'année sans être arrêtée par la
défaveur des saisons. On ne voit ici aucune déperdition de
forces. La demande aura beau se développer, se décupler,
se centupler, l'usine ou la manufacture s'arrangera pour la
satisfaire. Et plus la demande sera forte, et plus les prix
pourront baisser; l'agriculture, en pareil cas, verrait hausser
les siens; car elle ne peut pas multiplier ses produits à
volonté... L'ouvrier obtient un salaire plus élevé dans l'industrie manufacturière pour deux raisons : d'une part, l'ouvrier a besoin d'une certaine habileté qu'on n'acquiert que
par l'apprentissage ; il lui faut souvent du goût, un tour
artistique, qualités relativement rares qu'on prise et qu'on
paie ; d'autre part, les bénéfices du manufacturier étant
plus élevés, il est en état de mieux rétribuer ses collabo-
rateurs (1). »

En général, l'industrie manufacturière a intérêt à produire sur une vaste échelle ; de cette façon, elle peut réaliser une grande économie de frais généraux, au double point
de vue du personnel et du matériel. En raison des capitaux
importants dont elle dispose, la grande industrie est à
même d'employer les procédés de fabrication qui exigent
des machines et des installations coûteuses. De plus, elle
peut, grâce à l'économie du prix de revient, vendre à bon
marché, ce dont le consommateur profite. Toutefois, il
serait regrettable que la grande industrie se développât au-

---

(1) M. Maurice Block. Une crise latente (Revue des Deux-Mondes
du 15 octobre 1882).

delà de certaines limites ; si, en effet, elle prenait trop
d'extension au détriment de la moyenne industrie et de la
petite industrie, elle arriverait à se créer un monopole et à
enlever aux consommateurs le bénéfice de la concurrence.

Dans l'industrie manufacturière, la division du travail
est illimitée. Cette industrie se divise en une multitude de
branches ; et chacune de ces branches se subdivise elle-
même en une infinité de rameaux. Prenons comme exemple
l'industrie des jouets d'enfant. La fabrication des poupées,
celle des ménages, celle des soldats de plomb, etc., forment autant d'industries distinctes. La fabrication des poupées est une industrie qui se subdivise en plusieurs autres :
l'un fabrique le corps de la poupée, l'autre confectionne le
costume, la parure ; un troisième fabrique les yeux. Ainsi,
il y a des fabricants d'yeux de poupée en verre ; et c'est là,
dit-on, un métier lucratif.

« Dans l'industrie proprement dite, c'est-à-dire dans la
mise en œuvre des matières premières, la France a fait des
progrès énormes, bien plus rapides en proportion que ceux
de l'agriculture... Les concours entre nations, qui se font
dans les grandes expositions universelles, ont prouvé que
non seulement la France a gardé sa prééminence tradition-
nelle pour les objets de goût et de travail délicat, mais
qu'elle est même devenue la rivale de l'Angleterre pour un
grand nombre d'autres produits et pour la construction des
machines. Tels ont été les progrès, que, dans l'espace d'un
demi-siècle, l'emploi de la fonte, si nécessaire à l'industrie,
a décuplé en France, et que celui de la houille a vingtuplé.
La puissance totale des machines à vapeur, qui mesure à
peu près les progrès de la grande industrie, s'est même
accrue dans une proportion supérieure : elle est, au moins,
trente fois plus considérable qu'en l'année 1840 ; en remon-
tant plus loin, la proportion à établir n'aurait plus qu'un
intérêt de curiosité ; car la vapeur n'était employée que

dans de rares établissements. En 1820, il n'y avait que 65 machines à vapeur dans toute la France. Comme acquisition de force matérielle, les engins représentent au moins la valeur de 30 millions d'ouvriers.... Enumérer toutes les industries pratiquées dans les 120,000 usines et manufactures de France, serait résumer le travail humain. La principale fabrication, celle des textiles (soie, laine, coton, lin, dentelles), occupe certainement plus de deux millions d'ouvriers (1). »

(1) Elisée Reclus. Nouvelle Géographie universelle, tome II, pages 863 et suivantes.

## Chapitre XIII,

### *De l'industrie commerciale*

L'industrie *commerciale* consiste à acheter des produits (denrées ou marchandises), pour les revendre ; elle a pour but de faciliter l'échange qu'une division croissante du travail impose de plus en plus.

Le commerçant est un intermédiaire entre le producteur et le consommateur : il est toujours prêt à acheter et à vendre le produit que le premier a fabriqué et que le second veut acquérir. Le commerçant fait venir des diverses contrées les choses qui y sont en surabondance, et y fait porter les choses qui y manquent. Toujours disposé, comme nous venons de le dire, à acheter, lorsque le producteur ou fabricant veut vendre, et à vendre lorsque le consommateur veut acheter, il débarrasse le producteur des produits que celui-ci veut écouler, et il met ces produits à la portée du consommateur qui veut se les procurer ; il vend ses marchandises en gros ou en détail, suivant les exigences de chacun ; enfin, il conserve, dans ses magasins, les marchandises, jusqu'au moment où le besoin se manifeste. Grâce à cet intermédiaire qu'on nomme le *commerçant*, les échanges et les relations économiques sont extrêmement faciles.

Le commerce a une influence civilisatrice et contribue à adoucir les mœurs. « Il guérit des préjugés destructeurs ; et c'est presque une règle générale que, partout où il y a des mœurs douces, il y a du commerce, et que, partout où il y a du commerce, il y a des mœurs douces... Le commerce a fait que la connaissance des mœurs de toutes les nations a pénétré partout : on les a comparées entre elles, et il en est résulté de grands biens. L'effet naturel du commerce est de porter à la paix. Deux nations qui négocient ensemble se rendent réciproquement dépendantes ; si l'une a intérêt d'acheter, l'autre a intérêt de vendre ; et toutes les unions sont fondées sur des besoins mutuels (1). »

Le commerce dispose les hommes à la paix « en formant, dans chaque Etat, un ordre de citoyens personnellement intéressés au maintien de la tranquillité générale. Dès que l'esprit de commerce commence à acquérir de la vigueur et de l'ascendant dans un Etat, on voit aussitôt un nouveau génie animer son gouvernement, et y diriger les alliances, les guerres, les négociations (2). »

---

(1) Montesquieu. Esprit des lois. Livre XX, Chapitres I et II.

(2) W. Robertson. Tableau des progrès de la Société en Europe. Section première.

### CHAPITRE XIV.

#### *De l'industrie des transports.*

L'industrie des *transports* a pour objet de vaincre l'obstacle naturel qui s'appelle la distance et qui enlève aux
produits leur utilité, leur valeur; elle s'exerce par les voies
de communication (les chemins de fer, les routes, les canaux, les fleuves et rivières navigables et flottables, la mer,
les lacs) et au moyen de véhicules et de moteurs plus ou
moins puissants.

« Quand une marchandise a été produite par l'agriculture
ou par l'industrie, elle a une certaine valeur, un certain
prix; mais il faut ensuite la transporter du lieu de production chez un marchand, et du magasin de ce marchand chez
l'acheteur. Les frais de transport s'ajoutent ainsi au prix de
la marchandise. Or, plus les moyens de transport sont nombreux et aisés, plus le prix de la marchandise s'abaisse et
plus il est aisé de vendre; plus ils sont chers, plus la marchandise est chère elle-même et plus elle est exposée à ne
pas être vendue. Avec le système du libre-échange, les différents pays se font concurrence; celui qui a les moyens
de transport les plus nombreux, les plus commodes et les
moins chers, a l'avantage sur les autres (1). »

---

(1) P. Foncin. La France. Géographie économique.

L'industrie des transports a principalement pour résultat
de faciliter les échanges en rapprochant les populations ; et
les progrès qu'elle réalise ont pour effet d'amener les produits, plus rapidement et avec moins de frais, là où ils sont
demandés, de les mettre à la portée d'un plus grand nombre d'individus, d'ouvrir de nouveaux débouchés et d'encourager ainsi la production. Les compagnies de chemins
de-fer, les voitures publiques et les messageries, les ar-
mateurs, les compagnies de transports maritimes (compagnie transatlantique, messageries maritimes, etc.) sont des
entreprises de transport et non de commerce.

Les voies de communication les plus perfectionnées sont
les chemins de fer, qui présentent d'immenses avantages
tant au point de vue économique qu'au point de vue de
la civilisation générale. « Les Anglais et les Américains
ont un adage qui est une des preuves de leur avancement : le temps est de l'argent, disent les premiers ; c'est
l'étoffe dont la vie est faite, disent les autres (1). » Il est
certain qu'au moyen des chemins de fer, on peut éviter
la majeure partie des pertes de temps que les hommes étaient
jadis forcés de subir dans toutes les affaires qui nécessitent
un déplacement des personnes ou des choses.

« Autrefois, quand un seigneur voyageait, il était avec sa
suite, à cheval, en grand appareil de force. L'artisan, qui se
déplaçait, cheminait à pied, au milieu des fondrières ou par
les sentiers escarpés, tout seul quand il n'avait pu trouver
quelques-uns de ses pareils qui eussent, par hasard, la
même route à faire. Plus tard, le même seigneur et l'homme
opulent du tiers-état, qui s'était à beaucoup d'égards assimilé à lui, allaient en poste. Le paysan ou le compagnon
continuait d'aller à pied ; tout au plus, il s'élevait à la pata-

---

(1) Michel Chevalier. Cours d'économie politique. Tome I. Dixième
leçon.

che. Aujourd'hui, tous vont sur le chemin de fer, par le même convoi, dans des voitures qui se tiennent. Le petit bourgeois est souvent dans le même compartiment que le duc et pair, là où il existe encore des ducs et pairs. Personne n'éclabousse son voisin. Tout le monde obéit docilement au conducteur du convoi. Là aussi, le droit commun s'est substitué au privilège... Le commerce, par les échanges de produits qu'il opère, unit les nations les unes aux autres; les chemins de fer provoquent, avec une énergie extrême, les échanges commerciaux; ils en donnent le moyen par les facilités qu'ils apportent au transport; et, par la connaissance qu'ils procurent à chaque peuple des productions des autres, ils font désirer celles-ci de plus en plus (1). »

Aux nombreux services rendus à l'industrie proprement dite et au commerce par les chemins de fer, il convient d'ajouter la rapidité avec laquelle ils effectuent le transport des lettres : « Le nombre des lettres écrites dans un pays est proportionnel à son commerce. C'est en Angleterre que le mouvement des lettres est le plus considérable; chaque Anglais écrit, en moyenne, 35 lettres par an; chaque Français en écrit 10; un Turc n'en écrit qu'une. Les tarifs actuels, qui sont aussi réduits que possible, et le développement de l'instruction contribueront à augmenter l'échange des lettres. Les télégraphes sont établis à la fois pour assurer la sécurité de la circulation des trains de chemins de fer et pour transmettre des dépêches; ils sont donc, comme le service des postes, un élément de prospérité commerciale (2). »

On compte, en France, environ 26,000 kilomètres de chemins de fer en exploitation, 38,000 kilomètres de routes

---

(1) Michel Chevalier, idem.
(2) P. Foncin. La France, Géographie économique.

nationales, 48,000 kilomètres de routes départementales, 80,000 kilomètres de routes de « grande communication, » et 300,000 kilomètres de chemins vicinaux. La longueur des canaux est de 5,000 kilomètres environ, et celle du cours-réellement navigable des fleuves et rivières est évaluée à 6,000 kilomètres.

## CHAPITRE XV.

*De la solidarité des diverses industries. — Caractères*
*de l'Industrie moderne.*

Il existe entre les diverses industries une solidarité évidente ; chacune d'elles est, en effet, l'auxiliaire des quatre autres ; et si l'une souffre, les autres s'en ressentent par contre-coup. Les cinq branches principales de l'Industrie humaine ne forment, à vrai dire, qu'un seul et même organisme qui est incomplet et fonctionne mal, dès que l'une ou l'autre de ces branches vient à défaillir.

Ce qui caractérise l'Industrie moderne, c'est, d'une part, la production sur une grande échelle et, d'autre part, la concurrence sur un marché qui s'étend indéfiniment. Ce développement de la production et cette extension du marché sont dus principalement à la liberté du travail, à l'abondance des capitaux, au crédit, à l'emploi des machines, au perfectionnement des voies et moyens de communication, et, il faut le dire, aux salutaires enseignements de l'Economie politique. Toute cette activité économique et industrielle a pour but d'organiser la production de la richesse dans l'intérêt du plus grand nombre et d'assurer à tous la plus large satisfaction possible des besoins rationnels.

L'Industrie est l'un des caractères les plus saillants de notre siècle. « Notre civilisation ne ressemble à cet égard à aucune autre. Elle est douée d'instruments merveilleux avec lesquels le passé ne saurait entrer en comparaison.... Les découvertes s'amènent les unes les autres, ce qui a pour effet de multiplier indéfiniment les transactions et les échanges... Les écoles philosophiques ou historiques n'ont pas paru toujours accorder à cet ascendant de l'industrie moderne, caractérisée par les applications de la vapeur, les chemins de fer, l'électricité, etc..., toute la portée qui lui appartient dans le monde même des idées... Sous bien des rapports, la civilisation industrielle affranchit l'homme, soumis à la servitude des choses ; elle le rend maître de l'univers par la science et par la force mise au service de l'intelligence et des besoins (1) »

(1) M. H. Baudrillart, Un jurisconsulte économiste (Revue des Deux-Mondes du 15 août 1880).

## Chapitre XVI

### Rôle et action de l'Etat dans la production de la richesse.

L'Etat est chargé de maintenir l'ordre, la paix, dans les relations des hommes entre eux, et de veiller à la sécurité des personnes et des propriétés. Ces services, dont l'importance est manifeste, ne peuvent être convenablemeut accomplis que par l'Etat, qui représente la Société et qui a pour mission d'en sauvegarder les intérêts généraux. Pour accomplir les services publics, l'Etat dispose d'un personnel nombreux, divisé en autant de branches qu'il y a de genres de services, organisé hiérarchiquemcnt et placé sous les ordres, la direction ou la surveillance du Gouvernement. Les services publics profitent à tout le monde ; ils sont rémunérés au moyen de l'impôt.

En principe, l'Etat ne doit pas concourir directement à la production de la richesse ; il ne doit se faire ni agriculteur, ni commerçant, ni entrepreneur de transports, ni manufacturier. L'exercice des diverses industries est, en effet, du domaine de l'activité privée. Toutefois, il faut reconnaître que l'Etat remplirait imparfaitement sa haute mission, si on lui déniait, d'une part, le droit de faire, dans une certaine mesure, la police du travail et de l'industrie, d'autre part, celui de concourir, en certain cas, à la production de la richesse. Au reste, l'intervention de l'Etat dans l'ordre économique doit se baser sur des considérations d'intérêt général, se renfermer dans d'étroites limites et ne porter atteinte, qu'en cas d'absolue nécessité, à la liberté du travail et de l'industrie.

L'État a le droit et le devoir de soumettre à des conditions particulières la création et la construction des établissements dangereux, incommodes et insalubres; il a, de même, le droit et le devoir de régler et de limiter le travail des enfants dans les manufactures; il a encore le droit et le devoir de réglementer l'exercice de certaines professions, et d'exiger, de la part de ceux qui veulent s'y adonner, des garanties d'aptitude, de capacité, de moralité.

L'État, avons-nous dit, ne doit pas, en principe, se faire entrepreneur d'industrie; nous le voyons cependant exercer l'industrie agricole. Il possède, en effet, et exploite des fermes-modèles, des haras; mais notons qu'il ne les exploite pas en vue de réaliser un bénéfice pécuniaire. Les fermes-modèles, haras et autres établissements analogues sont, avant tout, des établissements d'éducation et d'instruction professionnelles. Dans les fermes-modèles, on forme des agriculteurs, on expérimente des procédés de culture, on essaie des machines agricoles. Dans les haras, on s'occupe de l'élevage des chevaux; on s'efforce d'en propager, d'en améliorer les races. L'État possède, en outre, et exploite un vaste domaine forestier; mais nous savons que les forêts domaniales constituent une richesse dont la conservation et la reproduction sont infiniment mieux garanties par l'Etat qu'elles ne le seraient par l'intérêt privé.

Nous voyons encore l'Etat exercer les industries manufacturière, commerciale et des transports. Mais s'il a des manufactures où l'on fabrique des armes, de la poudre, s'il a des arsenaux où l'on construit des navires de guerre, c'est évidemment dans l'intérêt général et pour des raisons majeures de police et d'ordre public. L'Etat possède des manufactures de tabacs ; il est commerçant, lorsqu'il achète du tabac pour le revendre ; mais il agit, en ce cas, dans un intérêt fiscal, et il a pour but de percevoir sûrement et commodément un impôt reconnu nécessaire. L'Etat qui a, entre les mains, l'administration des Postes, est, à ce point de vue, entrepreneur de transports. Ici encore, l'intérêt public est en jeu. Les Postes constituent un service indispensable ; il importe que ce service soit accompli avec la plus grande exactitude ; l'Etat seul est à même d'en assurer le fonctionnement régulier.

L'Etat, lorsqu'il se fait entrepreneur d'industrie, n'a pas uniquement en vue un bénéfice à réaliser ; on peut même dire que la question de savoir si l'entreprise sera plus ou moins lucrative, est ordinairement, pour lui, une question secondaire. Avant de se livrer à une entreprise industrielle, l'Etat se demande, d'abord et principalement, si l'intérêt général exige qu'il s'y livre. Ainsi l'intérêt général, la sécurité et l'ordre publics, telles sont les considérations qui déterminent l'État à exercer telle ou telle industrie et qui expliquent son intervention dans l'ordre économique.

# LIVRE TROISIÈME

## De la répartition de la richesse.

### CHAPITRE Ier.

*Notions générales sur la répartition de la richesse.*

Les divers agents, dont les sacrifices ou les efforts sont nécessaires à la production de la richesse, ont respectivement droit à une certaine rétribution. En d'autres termes, la richesse doit être *répartie* entre ceux qui ont concouru à sa production. Produire, c'est donner de la valeur aux choses ou augmenter la valeur que les choses ont déjà : c'est donc créer une valeur. Or, il est juste que cette valeur appartienne à ceux qui l'ont créée. Ainsi, lorsqu'il s'agit de distribuer la richesse, il ne faut pas dire : « à chacun suivant ses besoins, » ou « à chacun une part égale. » Rien ne serait plus inique qu'une pareille distribution.

*A chacun la valeur qu'il a créée :* voilà la vraie base de la répartition de la richesse ; et chez toutes les nations civilisées, la répartition s'effectue conformément à ce principe de justice.

La répartition ou distribution de la richesse s'opère au moyen des conventions qui interviennent librement entre tous ceux qui concourent à la création de la valeur ; et ces conventions ne sont rien autre chose que des échanges.

Comment se fait la répartition entre les diverses industries? Supposons qu'il s'agisse de la fabrication d'étoffes de laine. L'agriculteur, propriétaire du troupeau de moutons, a remis la laine au chemin de fer et l'a expédiée au filateur. Avec cette laine, le filateur a fabriqué du fil; il a donc ajouté à la laine une valeur nouvelle ; en livrant le fil au tisserand, il lui dira : « Remboursez-moi ce que j'ai payé 1o à l'agriculteur, pour le prix de la laine, 2o au chemin de fer pour le prix du transport. Payez-moi, en outre, ce que m'a coûté la transformation de la laine en fil. » Le tisserand raisonnera de la même manière avec le marchand tailleur à qui il vendra son étoffe de laine.

Comment s'opère la répartition dans chaque industrie ? L'entrepreneur s'est mis en relations avec ceux dont le concours lui est nécessaire et qui sont à même de lui fournir l'emplacement, le capital, le travail ; il leur a demandé à quelles conditions ils entendaient lui prêter leur concours ; il leur a offert une somme fixe, déterminée à l'avance : au propriétaire foncier un fermage ou loyer, au capitaliste un intérêt, à l'ouvrier un salaire. Le propriétaire foncier, le capitaliste, l'ouvrier, ont, chacun de leur côté, accepté les propositions de l'entrepreneur. La répartition se fait donc suivant les clauses des contrats passés entre les parties intéressées.

L'entrepreneur d'industrie peut aussi proposer aux autres agents de la production de s'associer avec lui, d'évaluer d'un commun accord les divers éléments représentés par chacun d'eux (emplacement, capital, travail), d'évaluer, en outre, son propre travail (le travail d'entrepreneur), et de partager les bénéfices de l'entreprise proportionnellement à l'estimation donnée aux apports respectifs. Les divers agents de la production participent alors aux chances de gain et de perte. Dans le cas d'association, comme dans le cas précédent, la répartition s'opère d'après les conventions des parties.

Mais peut-on affirmer qu'en fait la répartition s'effectue toujours d'une manière strictement conforme à la justice, que le concours de chacun des agents de la production est toujours évalué équitablement, que chaque valeur est appréciée comme il faut? Non. Tout ce qu'on peut dire, à cet égard, c'est que chacun des agents de la production est à même de discuter librement le prix qu'il entend mettre à son concours et qu'il y a accord préalable sur la part devant revenir à chacun dans la richesse créée. Au reste, cela se résume en un échange de produits ou de services, échange dont les conditions sont réglées par la concurrence. Or la concurrence a pour effet de ramener à de justes proportions les prétentions excessives, quel que soit le sens dans lequel elles se manifestent, quelle que soit la personne qui les émette.

L'Économie politique enseigne qu'un système de répartition de la richesse n'est équitable et rationnel, que s'il se fonde à la fois sur la propriété individuelle et sur la liberté des conventions.

## Chapitre II

### De la propriété.

La *propriété* est le droit en vertu duquel une chose se trouve soumise, d'une façon absolue et exclusive, à la volonté et à l'action d'une personne. Le propriétaire a le droit d'user et de jouir de sa chose comme bon lui semble, d'en retirer toute l'utilité, tout le profit, tout l'agrément qu'elle peut procurer; il a le droit d'en disposer, de la transformer en argent en la vendant, de la modifier et même de la détruire; enfin il a le droit d'exclure les tiers de toute participation à l'exercice de ces diverses facultés. Le droit de propriété n'a d'autres limites que celles qui résultent des lois et des règlements.

A toutes les phases de l'activité économique, on voit apparaître la *propriété*.

En vue de la production de la richesse, différentes personnes mettent en commun des choses leur appartenant. La répartition de la richesse s'effectue en attribuant à chacun des agents de la production la propriété d'une portion de la richesse produite. La circulation des richesses s'opère au moyen d'acquisitions et de translations de propriété. Enfin, la consommation de la richesse implique évidemment l'exercice du droit de propriété. Il est d'ailleurs impossible de concevoir une société dans laquelle le droit de propriété n'existerait pas et où aucun individu n'aurait quoi que ce fût, lui appartenant en propre.

La propriété foncière est le principe et la base de toutes les autres ; elle a été particulièrement et vivement attaquée ; aussi il importe d'établir qu'elle est nécessaire et légitime.

L'Histoire nous apprend que, parmi les institutions humaines, la propriété est celle qui offre, au plus haut degré, le triple caractère d'antiquité, d'universalité et de permanence. L'origine de la société civile coïncide avec l'établissement de la propriété foncière. La société civile s'est fondée sur l'occupation de la terre par la famille ou par l'individu. Après avoir, pendant un long espace de temps, mené une vie nomade et demandé à la chasse, à la pêche, leurs moyens de subsistance, les familles ont abandonné cette existence aventureuse et contracté peu à peu des habitudes sédentaires ; elles ont fini par s'attacher au sol et s'établir à demeure, là où les circonstances les avaient amenées. Chaque famille a pris possession d'un terrain qui n'était auparavant occupé par personne. Ce terrain, la famille l'a défriché, assaini, entouré de murs ou de haies ; puis elle l'a cultivé avec persévérance, amélioré, fécondé ; elle s'est donc approprié cette terre par l'occupation première et par le travail ; et cette appropriation a été nécessaire et légitime. « Le principe du droit de propriété, a dit Victor Cousin, est la volonté efficace et persévérante, le travail, sous la condition de l'occupation première. » Telle est l'origine de la propriété foncière. Chez les Anciens, le dieu Terme, représenté par une borne à face humaine, était le symbole du droit de propriété et présidait aux délimitations des héritages. Cette borne était destinée à rappeler à tous le respect dû à la propriété.

La propriété est un fait primordial, constant, universel. Partout et toujours, le droit de propriété apparaît là où il y

a une société civile, même à l'état primitif. La coexistence
nécessaire de la propriété et de la société prouve que
l'homme a l'instinct de la propriété, comme il a celui de la
sociabilité : la propriété est une des lois de sa nature, une
des conditions de son développement physique et moral.
« L'appropriation, l'assimilation est un fait universel. Les
·plantes et les animaux ne vivent qu'en s'appropriant ce qui
est nécessaire à leur existence. Il s'en faut tellement que
l'homme fasse exception à cette loi, que nul être, pour
vivre, n'a besoin de s'approprier plus de choses. Il est vrai
que cette nécessité n'est guère contestée et ne peut pas
l'être. Ce que l'on conteste, c'est que la propriété doive être
individuelle. Au fond, pourtant, peut-elle avoir un autre caractère ? En ce qui regarde l'homme, l'appropriation, deve-
nant la *propriété*, a son premier modèle dans ce que les
philosophes appellent notre *moi*. La distinction du *toi* et du
*moi* implique celle du *tien* et du *mien*. Si l'homme est propriétaire naturel de ses facultés, il l'est de l'exercice de ces
facultés : d'où la liberté du travail, cette première de toutes
les propriétés. Enfin, comment ne serait-il pas propriétaire
du produit de l'exercice de ses facultés, c'est-à-dire des
fruits de son travail, soit qu'il les consomme immédiatement, soit qu'il les accumule par l'épargne, c'est-à-dire
qu'il capitalise ? Cette chaîne semble indissoluble ; et si,
comme le disent avec raison les défenseurs de la propriété,
la propriété est un fait qui existe partout, du moins comme
un germe que la civilisation développera, c'est que, d'abord,
elle est un fait nécessaire qui a son principe dans la constitution de la nature humaine (1). »

Il ne faut pas, — et c'est là une observation très importante, — considérer la propriété comme n'étant qu'une

(1) M. H. Baudrillart. Manuel d'Économie politique. Première
partie. Chapitre VII.

création de la loi civile. La propriété a son principe et sa base, non dans la loi civile, mais dans la nature humaine. La loi ne fonde pas la propriété; elle ne fait que la garantir; et il est certain que la propriété a existé longtemps avant qu'un législateur l'ait définie et ait organisé les moyens juridiques de la protéger contre les usurpations et les attentats. L'homme a, de tout temps, fait la distinction du *tien* et du *mien*.

La propriété se défend encore par d'excellentes raisons tirées de l'Économie politique et de l'utilité sociale. L'utilité sociale et l'équité veulent, d'une part, qu'on attribue la propriété de la richesse à ceux qui ont créé cette richesse par le travail et l'épargne, d'autre part, que la sécurité et la durée de la propriété soient garanties par la loi. L'homme ne travaille et n'épargne que s'il a la faculté de posséder et la certitude de conserver ce qu'il possède. Il n'est porté à améliorer, à accroître son bien, que s'il a l'espoir de le conserver et de le transmettre à sa famille. L'ardent désir qu'éprouve l'homme de devenir propriétaire est le stimulant le plus énergique de la production, du travail et de l'épargne. Enfin, la propriété est une des conditions nécessaires du progrès moral et matériel; on remarque qu'elle est d'autant mieux protégée et garantie que l'état social et économique est lui-même plus avancé, plus perfectionné.

L'Histoire et l'expérience du passé, la Philosophie et l'observation de la nature humaine, l'Économie politique et l'utilité sociale s'unissent donc pour démontrer que la propriété individuelle est nécessaire et légitime.

Des hommes à idées chimériques, qui prennent leurs rêves pour des réalités, estiment qu'il y a lieu de démolir, de fond en comble, l'édifice social et de le reconstruire sur des bases nouvelles. Ils réclament l'abolition de la propriété individuelle qu'ils considèrent comme un obstacle à l'application de leurs doctrines.

Bien que la suppression de la propriété individuelle soit pratiquement irréalisable, supposons néanmoins qu'il se rencontre un législateur assez mal inspiré, assez imprévoyant pour la décréter. Ce législateur ne pourra pas s'arrêter là, se borner à déclarer que la propriété individuelle est abolie ; il sera obligé de créer une organisation nouvelle, d'établir un régime nouveau. Que fera-t-il ? C'est ici que surgiront des difficultés inextricables. Le législateur prendra-t-il aux uns pour donner aux autres ? Ce serait une odieuse spoliation, une iniquité révoltante. Procèdera-t-il à un partage égal du sol par têtes ou par familles ? Les uns se trouveraient encore dépouillés injustement au profit des autres. En outre, l'égalité ne saurait se maintenir. L'homme paresseux ou prodigue, ayant besoin d'argent, ne tarderait pas à vendre sa part à celui de ses voisins qui serait laborieux et économe ; et l'égalité n'existerait plus. Il faudrait donc, au bout d'un certain temps, recommencer, procéder à un nouveau partage ; et notez que, dans tout cela, les hommes actifs, travailleurs, économes, seraient infailliblement les dupes, les victimes des fainéants et des dissipateurs.

Remettra-t-on l'ensemble des propriétés foncières entre les mains de l'Etat, qui serait alors le seul et unique propriétaire ? Dans ce cas, l'Etat, représenté par le Gouvernement, serait chargé d'exploiter et de faire valoir tout le sol cultivable. Mais comment parviendrait-il à s'acquitter de cette lourde tâche ? Aurait-il des régisseurs, des fermiers, des métayers ? Il lui faudrait, en tout cas, non pas seulement plusieurs milliers, mais plusieurs millions de fonctionnaires et d'agents. L'industrie agricole deviendrait ainsi un grand service public, une administration gigantesque. Et comme ce qui serait jugé bon pour l'industrie agricole paraîtrait, sans doute, bon pour les autres industries, nous verrions les industries extractive, manufacturière, commerciale et des transports, transformées, à leur tour, en services publics. On conçoit aisément qu'un pareil système, appliqué d'une façon générale, engendrerait des complications de toute espèce, ou, pour mieux dire, aboutirait fatalement à des impossibilités. En admettant d'ailleurs que ce système soit praticable, on n'aperçoit pas ce que pourraient y gagner la société, en général, et chaque individu, en particulier.

« Quand on aura dépouillé le propriétaire et déclaré le sol commun, l'hectare produira-t-il 30 hectolitres de blé au lieu de 20 ? Le citoyen rural travaillera-t-il avec plus d'assiduité quand l'Etat lui assurera un traitement annuel, que lorsqu'il labourait, hersait, piochait pour un salaire quotidien ? Quand le fabricant exproprié aura cédé les instruments de travail et que le collectivisme règnera sans conteste, les débouchés se seront-ils accrus, les salaires élevés, les chômages et les crises évanouis ? (1) »

Non. L'abolition de la propriété individuelle produirait, au contraire, dans la société, une confusion déplorable, livrerait à l'anarchie le monde des affaires et des intérêts, et, aurait, tant au point de vue économique qu'à tous autres points de vue, les conséquences les plus funestes ; on ne pourrait d'ailleurs la décréter sans violer les droits les plus sacrés, sans commettre une monstrueuse injustice.

A ceux qui regrettent que la propriété soit inégalement répartie et qui croient qu'on pourrait arriver à niveler les fortunes, il faut répondre que l'inégale répartition de la propriété est un fait inéluctable, parce qu'elle a pour cause l'inégalité naturelle qui existe entre les hommes. Dans notre état social, tous les hommes sont égaux devant la loi et jouissent, en principe, des mêmes droits. Mais tous les

---

(1) M. Maurice Block. Une crise latente (Revue des Deux-Mondes du 15 octobre 1882).

hommes ne sont pas dotés d'une manière égale par la nature : il y a entre eux une grande diversité, une inégalité constante au point de vue de la force corporelle, de la force morale et intellectuelle, de l'aptitude et du goût pour le travail, de la manière d'être et de l'esprit de conduite, etc... Ces inégalités physiques ou morales ont pour conséquence inévitable une inégale répartition de la propriété.

« Le seul moyen de prévenir les révolutions, a dit Aristote, est d'empêcher une trop grande inégalité. Faites que même le pauvre ait un petit héritage (1). »

« La propriété démocratisée est la seule base solide de la démocratie. Quand tout père de famille sera devenu propriétaire d'un petit champ, d'une maison, d'une action, d'une obligation, d'un titre de rente, il n'y aura plus de révolutions sociales à craindre. Il faut donc inculquer aux classes laborieuses, dès l'enfance et dans l'école, la connaissance et l'habitude de l'épargne, rendre aussi facile que possible l'acquisition de la propriété, changer toute loi qui aurait pour effet de la concentrer en quelques mains, et, au contraire, adopter toutes celles qui y appelleront le plus grand nombre (2). »

En France, la propriété foncière n'est plus l'apanage exclusif d'un petit nombre de privilégiés ; elle est, en réalité, très divisée. Sur 7,600,000 chefs de famille, il y a environ 5,500,000 propriétaires fonciers, dont les 2/3, c'est-à-dire 3.650,000 environ, cultivent eux-mêmes leurs terres. Au reste, dans l'état économique actuel, on ne saurait prétendre que l'individu, qui n'est pas propriétaire foncier, qui ne possède aucune parcelle de terre, est, par cela seul, privé de capital, mis dans l'impossibilité de travailler et voué à la

---

(1) Aristote. La Politique. Livre V. Chap. I.

(2) M. E. de Laveleye. Les apologistes du luxe et ses détracteurs (Revue des Deux-Mondes du 1ᵉʳ novembre 1880).

misère. Les progrès des sciences et de la civilisation, les diverses industries et le commerce notamment ont communiqué une telle activité à la production, donné un tel essor, une telle importance à la richesse mobilière, que la propriété foncière n'est plus, comme autrefois, la propriété la plus précieuse et la plus recherchée. Si l'on considère les fortunes privées dans leur ensemble, et les éléments dont elles se composent, on s'aperçoit qu'un grand nombre d'individus trouvent actuellement dans la richesse mobilière la source de leurs revenus.

« Il n'est douteux pour personne que le goût de la propriété mobilière s'est développé dans une énorme proportion, depuis que les titres qui la représentent ont été multipliés comme l'on sait. Tout ce mouvement industriel et commercial, fruit des découvertes scientifiques, de notre siècle, a eu pour symbole et signe extérieur des titres transmissibles de main en main, constitutifs d'une propriété non moins sérieuse que la propriété immobilière, procurant des revenus faciles à percevoir et, dans bien des cas, moins précaires et moins variables que la rente même de la terre... Entre la possession de titres transmissibles de la main à la main, presque sans frais, dont l'achat et la vente ne coûtent que des droits minimes, sur lesquels on emprunte sans formalités judiciaires ni délais, et la propriété de terres ou de maisons, dont il faut constater l'origine, rechercher les titres constitutifs, avec des délais interminables de purge d'hypothèques, quelle différence pour la multiplicité, le bon marché et l'utilité des transactions ! Si la propriété immobilière offre des garanties de sécurité plus grandes..., en retour, elle se prête à moins d'emplois profitables, elle exige aussi des soins plus absorbants et présente des vicissitudes et des aléas dangereux (1). »

_____

(1) M. Bailleux de Marizy, Mœurs financières de la France (*Revue des Deux-Mondes* du 15 novembre 1881)

A côté et en dehors de la propriété foncière, on distingue :
1º la propriété du sous-sol, que la législation sur les mines
a organisée et qui a acquis une grande importance ; 2º les
nombreux établissements de l'industrie manufacturière avec
leur outillage, leurs approvisionnements de matières premières, leurs produits de toute espèce prêts à être vendus ;
3º la masse des créances hypothécaires assises sur la propriété foncière ; 4º les rentes sur l'Etat, les actions et obligations des grandes compagnies de chemins de fer, les actions
et obligations du Crédit foncier de France, les actions de la
Banque de France, etc..., valeurs mobilières qui constituent
une propriété aussi bien garantie que la propriété foncière ;
5º le capital énorme représenté par l'industrie des transports
(sur terre et sur mer) ; 6º la propriété artistique, la propriété littéraire, la propriété industrielle (brevets d'invention, dessins, modèles et marques de fabriques), qui toutes
sont protégées par la loi.

Cet inventaire, fort incomplet d'ailleurs, prouve que,
dans notre état économique, la propriété foncière, malgré
sa valeur immense, ne constitue pas, à elle seule, toute la
richesse sociale. A côté d'elle, « le développement de l'industrie a créé cette colossale fortune mobilière... qui, représentée par des titres au porteur, se fractionne pour ainsi
dire par parcelles, dans les plus petits portefeuilles, passe
de main en main comme un billet de banque et permet à
chacun d'avoir sa part, petite ou grande, de la richesse nationale : révolution silencieuse, invisible, mais qui prépare
toute une transformation sociale (1). »

_____

(1) M. E. de Laveleye, Tendances nouvelles de l'Economie politique en Angleterre (*Revue des Deux-Mondes* du 1er avril 1881).

### Chapitre III.

#### *Des conventions faites en vue de la répartition de la richesse.*

Les conventions, qui interviennent ordinairement en vue de la répartition de la richesse, sont l'*entreprise* et l'*association*.

Sous le régime de l'*entreprise*, un entrepreneur se met en relations avec ceux qui représentent les divers éléments de la production, et s'assure leur concours moyennant un prix fixé à l'avance, prix qui reste le même, quels que soient le résultat de la production et l'issue de l'entreprise ; il paie un *fermage* ou *loyer* au propriétaire foncier, un *intérêt* au capitaliste, un *salaire* à l'ouvrier. Si, lorsqu'il s'est libéré envers eux, il lui reste quelque chose sur le produit obtenu, cet excédant constitue son bénéfice, sa part, son *profit*.

Sous le régime de l'*association*, ceux qui représentent les éléments de la production (propriétaire foncier, capitaliste, ouvrier, entrepreneur), évaluent en numéraire leurs apports respectifs et partagent le bénéfice proportionnellement aux évaluations qui ont été faites. Lorsque l'entreprise ne réussit pas, le bénéfice est nul, et les associés supportent les pertes, s'il y en a.

L'entrepreneur s'assure la coopération du propriétaire foncier, du capitaliste et de l'ouvrier, par des contrats passés entre eux et lui. Avec le propriétaire foncier, le contrat est un *louage de choses;* avec le capitaliste, le contrat est un *prêt;* avec l'ouvrier, le contrat est un *louage d'ouvrage.*

Le *louage des choses* est un contrat par lequel l'une des parties s'oblige à faire jouir l'autre d'une chose pendant un certain temps, et moyennant un certain prix que celle-ci s'oblige de lui payer (article 1709 du Code civil). On appelle *bail à loyer,* le louage des maisons et celui des meubles ; *bail à ferme,* celui des héritages ruraux (article 1711). Le *louage d'ouvrage* est un contrat par lequel l'une des parties s'engage à faire quelque chose pour l'autre, moyennant un prix convenu entre elles (article 1710). Enfin le *prêt à intérêt* est un prêt de consommation dans lequel le prêteur stipule un dédommagement pour la privation momentanée de sa chose. L'*intérêt* est la différence en plus entre la valeur prêtée et la valeur à restituer (articles 1892, 1905 et 1907 du Code civil).

Aux époques convenues, l'entrepreneur remet à chacun sa part, telle qu'elle a été fixée par les contrats. On distingue donc la part du propriétaire foncier ou part de la terre, celle du capitaliste ou part du capital, et celle de l'ouvrier ou part du travail. Mais remarquez qu'en général, il ne s'agit pas d'un partage en nature de la richesse produite : l'entrepreneur s'acquitte en payant au propriétaire foncier, au capitaliste et à l'ouvrier, la somme que chacun d'eux a stipulée pour prix de sa coopération.

La somme, attribuée à chacun de ceux qui représentent les éléments de la production, constitue, pour chacun, *ce qui lui revient,* c'est-à-dire un *revenu* Il ne faut pas confondre le *produit* et le *revenu ;* le revenu n'est qu'une partie du produit. Supposons qu'un propriétaire exploite lui-même son domaine; la totalité du produit qu'il obtient constitue ce qu'on nomme le produit *brut*; mais ce produit brut n'est pas le revenu. Le propriétaire devra, pour déterminer exactement le montant de son revenu, défalquer du produit brut les frais de production, notamment la valeur représentant le capital circulant consommé et la détérioration du capital fixe. Le revenu sera donc le produit brut, déduction faite de tous les frais de production, c'est-à-dire ce qu'on appelle le produit *net*.

## Chapitre IV

*La rente, en général. — La part du propriétaire foncier.
— La rente foncière.*

Il arrive souvent que le propriétaire d'un instrument de travail obtient un bénéfice qui n'est proportionné ni à la somme de travail accomplie, ni à la quantité de capital accumulée. Par le fait seul de la supériorité de l'instrument de travail dont il dispose, il acquiert un surplus qui lui est accordé, pour ainsi dire, gratuitement. Ce surplus, qui n'est la rémunération d'aucun travail, d'aucune épargne, qui n'est ni un loyer ou fermage, ni un intérêt, ni un salaire, ni un profit, constitue néanmoins un élément réel du prix des services ; partout et toujours, il a été considéré comme revenant légitimement à celui qui a reçu de la nature tel ou tel don précieux et rare, telle ou telle faculté extraordinaire, dont les autres hommes reconnaissent l'utilité exceptionnelle. On donne à ce surplus le nom de *rente*. En d'autres termes, la rente est « cette *prime de rareté* qui se rencontre comme élément de la valeur de tant de choses dans ce monde (1). » L'inventeur d'un procédé industriel ingénieux, tant qu'il en

---

(1) M. A. Joûrdan. Cours analytique d'Économie politique. Chapitre XXVIII.

conserve le secret, l'avocat et le médecin en renom, l'artiste de talent, l'ouvrier doué d'une habileté rare, jouissent d'un surplus, c'est-à-dire d'une rente, qui disparaîtrait si tous leurs semblables connaissaient ce procédé industriel, possédaient ce renom, ce talent, cette habileté.

*<br>* *

Qu'est-ce que la rente foncière?

Voici deux terrains d'égale contenance, propres, l'un et et l'autre, à la culture des céréales, du blé, par exemple, et n'ayant occasionné d'autres dépenses que celles qu'on a dû faire pour l'occupation, le défrichement. Supposons que deux hommes, d'une intelligence égale, également laborieux, consacrent à la culture de chacun de ces terrains une somme identique. Au bout de l'année, ces deux terres donneront-elles nécessairement une égale quantité de blé, ou du blé de qualité égale? Non. Il pourra arriver que l'une rémunère strictement le travail du cultivateur et que l'autre donne un surplus, un excédant. L'une produira, par exemple, 90 hectolitres de blé, tandis que l'autre en produira 100; l'une produira du blé valant seulement 18 fr. l'hectolitre, tandis que le blé produit par l'autre vaudra 20 fr. l'hectolitre. Une cause physique quelconque, naturelle, inhérente au sol, occasionnera, entre ces deux terres, des différences sensibles en ce qui touche la quantité ou la qualité du produit. Il existe, en effet, entre les terres, des différences de fertilité naturelle, comme il existe des différences, des degrés d'aptitude dans les facultés humaines. Ce surplus, cet excédant, dont nous venons de donner un exemple et qui provient d'une supériorité de fécondité naturelle, est ce qu'on nomme la *rente foncière*.

L'entrepreneur d'industrie agricole se met en relations avec un propriétaire foncier et se procure la jouissance d'un terrain, avec ou sans bâtiments, au moyen d'un contrat de louage, appelé *bail à ferme*. Le prix du bail prend le nom de *fermage*. Le propriétaire foncier reçoit donc sa part, son revenu, sous la forme d'un *fermage* que l'entrepreneur ou fermier prélève sur le produit total, le produit brut de la ferme.

Un propriétaire qui, cultivant lui-même son terrain, y récolte 150 hectolitres de blé, qu'il vend 3000 fr., à raison de 20 fr. l'hectolitre, ne peut pas dire que sa terre lui donne 3,000 fr. de revenu. Ces 3,000 fr. sont le produit brut. Pour calculer le produit net, pour évaluer son revenu, ce propriétaire doit déduire du produit brut le prix des semences, le salaire des ouvriers, la somme représentant le capital circulant consommé et la détérioration du capital fixe. Si, toutes déductions faites, il lui reste 1,500 fr., il pourra dire que sa terre lui donne un revenu de 1,500 fr. Cette somme de 1,500 fr. est le produit *net*. S'il afferme sa terre au lieu de la cultiver lui-même, il pourra recevoir un fermage de 1,500 fr.

Les mots *fermage* et *rente foncière* ne sont pas synonymes. Théoriquement, la rente foncière n'est pas le fermage ; elle n'est souvent qu'un des éléments du fermage.

Supposons que le propriétaire n'ait rien dépensé pour l'amélioration de son terrain qui donne un fermage de 1,500 fr. — Voilà que, maintenant, il y fait des travaux d'amélioration, il y établit des canaux d'irrigation ou des tuyaux de drainage, il y construit des murs de clôture, des bâtiments d'exploitation ; en un mot, il applique à sa terre un capital de 30,000 fr., par exemple. Par suite des améliorations réalisées, le produit de la ferme se trouve doublé. Le propriétaire pourra demander à son fermier un fermage double, c'est-à-dire 3,000 fr. Ce fermage se décomposera ainsi : 1,500 fr. pour la terre (c'est là la rente) et 1,500 fr. pour l'intérêt du capital qui a été incorporé à la terre. Dans ce cas, la rente n'est qu'un des éléments du fermage.

Des controverses se sont élevées parmi les économistes sur la nature et sur la cause de la rente foncière.

« La rente, a-t-on dit, est cette portion du produit de la terre que l'on paye au propriétaire pour avoir le droit d'exploiter les facultés productives et impérissables du sol. Cependant, on confond souvent la rente avec l'intérêt et le profit du capital, et, dans le langage vulgaire, on donne le nom de rente à tout ce que le fermier paye annuellement au propriétaire (1). » La rente est donc ce que l'entrepreneur ou fermier paie au propriétaire foncier pour obtenir le concours de la puissance productive de la terre. A cette rente vient s'ajouter progressivement l'intérêt des capitaux consacrés par le propriétaire à des améliorations foncières.

« La rente, a-t-on dit encore, n'est que le résultat de la différence entre le prix du marché et les frais de production, entre le prix courant et le prix naturel des produits de la terre... La différence de qualité des terres n'est pas nécessaire pour expliquer la rente (2). »

Enfin quelques économistes ont nié l'existence du phénomène qu'on appelle la rente foncière, et se sont refusés à voir dans le fermage deux éléments distincts : la rente foncière et l'intérêt des capitaux incorporés à la terre sous forme d'améliorations. Suivant eux, le fermage est uniquement la rémunération de tout le travail que le propriétaire actuel ou ceux qui l'ont précédé ont appliqué au sol ; c'est purement et simplement le loyer de cette machine que l'homme a faite, pour ainsi dire, et qu'on appelle la terre. Sans doute, ajoutent-ils, toutes les puissances productives, primitives et impérissables du sol, ont une utilité ; mais, par elles-mêmes, elles sont sans valeur. La terre n'acquiert de

---

(1) Ricardo. Principes de l'Économie politique. Chap. II.
(2) Rossi. Cours d'économie politique. Tome I. 8e leçon.

la valeur que lorsque le travail de l'homme s'y est appliqué, l'a fécondée. Celui qui, aujourd'hui, fait l'acquisition d'une terre pour en recueillir les fruits en nature ou les percevoir en argent sous forme de fermage, n'achète pas les puissances primitives et productives du sol ; il se rend purement et simplement cessionnaire de plusieurs générations d'individus qui ont successivement appliqué à la terre leur travail et leurs capitaux.

Malgré cette divergence d'opinions, nous croyons que la rente foncière est un phénomène dont on ne peut nier la réalité. « Il est incontestable que, dans beaucoup de fermages, on rencontre trois éléments : d'abord, l'intérêt et l'amortissement du capital engagé ; en second et en troisième lieu, la représentation de la supériorité de fécondité naturelle ou de la supériorité de situation de certaines terres par rapport aux autres terres en culture (1). »

(1) M. P. Leroy-Beaulieu, Essai sur la répartition des richesses Introduction.

## Chapitre V.

*De la légitimité de la rente foncière. — Du taux de
l'intérêt foncier.*

La rente foncière est légitime, aussi légitime que le droit
de propriété lui-même. Sans doute, elle est un privilége,
mais non un privilége inique ; car le propriétaire qui en
jouit ne porte aucune atteinte au droit d'autrui. Sans
doute, elle est une chance heureuse ; mais une chance
heureuse n'est pas, par elle-même et par elle seule, une
injustice. La force musculaire, la santé, l'intelligence,
l'aptitude au travail, sont des qualités, des dons que la
nature ne distribue certes pas d'une façon égale. Dira-t-on
que ceux qui les possèdent, à un haut degré, jouissent
d'un privilége inique ? La rente foncière, qui représente
la supériorité de fertilité naturelle ou de situation de certaines terres par rapport aux autres terres en culture, ne
constitue pas plus un privilége injuste que les facultés physiques ou intellectuelles dont la nature a doué libéralement
les uns et qu'elle a refusées aux autres. On pourrait soutenir que la rente foncière est illégitime, si la propriété, qui
la produit, restait, à l'état de monopole, entre les mains de
quelques privilégiés. Mais nous savons qu'en France la pro-

priété du sol est accessible à tous et qu'elle est généralement le fruit du travail et des épargnes de ceux qui la détiennent. Or, la légitimité de la propriété foncière a pour conséquence nécessaire la légitimité de la rente.

Certains publicistes « ne prétendent à rien moins qu'à la suppression de la rente de la terre ; comme si l'application d'un pareil principe ne devrait pas entraîner la ruine publique, l'annihilation de fait du capital foncier, qui ne peut avoir de valeur réelle et de raison d'être que s'il représente une valeur échangeable et productive de revenu, aux mains de celui qui la possède. Les propriétaires du sol, par un excès d'abnégation et de désintéressement patriotique qu'on ne saurait exiger d'eux, s'entendraient-ils pour renoncer à toute rente, à tout revenu locatif de la terre qu'ils n'exploitent pas directement, que ce généreux abandon de leur part ne diminuerait en rien le prix de vente des denrées ; il n'aurait d'autre effet que de transmettre intégralement à des tiers, à des fermiers, le revenu délaissé par le propriétaire. Les terres sont, en effet, d'inégale valeur et produisent, avec plus ou moins de frais, la même denrée. Prenant pour terme de comparaison la culture la plus importante, celle du blé, on comprend parfaitement que, suivant la fécondité naturelle du sol, les frais de production de l'hectare doivent s'élever par gradation successive, suivant la classe, d'un minimum, que je pourrais supposer de 10 fr., à un maximum illimité ; car il est des sols absolument infertiles qui ne restitueraient même pas la semence qu'on leur confierait. Le producteur, supposé libre de choisir la terre qu'il devra mettre en culture, s'adressera de préférence à la meilleure d'abord, et successivement à celles de qualité inférieure jusqu'au moment où, le prix de revient se trouvant égal au prix de vente, il n'aurait plus que des pertes à éprouver au delà. Si ce prix de vente, réglé par les besoins de la consommation, est de 20 fr. par hectolitre, l'excédant constituant le bénéfice net de l'opération sera de 10 fr. par hectolitre, pour la terre de première qualité où les frais s'élèvent à 10 fr. Il ne sera que de 8 fr., 6 fr. etc., pour les terrains où les prix de revient sont de 12 fr., 14 fr., etc...., C'est cet excédant, multiplié par le nombre d'hectolitres produits à l'hectare, qui constitue, en fait, la rente de la terre, le prix de location que le propriétaire peut raisonnablement exiger du fermier. La rente ne détermine pas le prix de vente de la denrée, mais elle en résulte ; elle n'est pas cause, mais effet. Si, par le fait d'une moindre consommation ou d'une importation étrangère, le prix de l'hectolitre de blé baisse de 20 fr. à 18 fr., la rente baissera nécessairement de 2 fr. par hectolitre de blé, sur les diverses classes de terres que nous avons supposées, jusques et y compris la dernière qui, ne pouvant produire de blé à moins de 20 fr., restera nécessairement en friche. En fait, les choses ne se passent pas avec cette rigueur mathématique que suppose le fameux théorème de Ricardo dont je viens de rappeler le principe théorique. Le blé n'est pas notre seule culture, et sa production ne saurait être prise pour unique terme de comparaison. Telle terre infertile, en ce sens qu'elle ne pourrait produire le blé au dessous du prix de vente, n'en est pas moins susceptible de revenu net, et, par suite, de rente pour son propriétaire, en l'affectant à toute autre culture ou emploi agricole (1). » Ce lumineux exposé de la théorie de la rente foncière nous montre de quelle chimérique utopie se bercent ceux qui voudraient résoudre, par une réduction arbitraire du prix de fermage, les difficultés que soulève le problème agricole.

---

(1) M. A. Duponchel. L'agriculture extensive. (*Revue des Deux-Mondes* du 15 avril 1882).

*<br>\* \*

On appelle *intérêt foncier* ce que rapporte une somme d'argent qu'on a employée en acquisitions de terres. Si un domaine a coûté 50,000 fr., on dit que le taux de l'intérêt foncier est de 2 1/2 pour cent, 3 pour cent ou 4 pour cent, par rapport au capital employé, suivant que le propriétaire reçoit 1250 fr., 1500 fr. ou 2000 fr. de fermage.

Si des hectares de terre coûtant 1000 fr., 1500 fr., 3000 fr., 6000 fr., par exemple, donnaient un revenu annuel de 40 fr., 60 fr., 120 fr., 240 fr., on pourrait dire que le taux de l'intérêt foncier est toujours le même (4 pour cent, dans l'espèce), et qu'il existe un rapport constant entre la valeur vénale de la terre et le revenu qu'elle donne. Mais il n'en est pas ainsi ; et certaines circonstances occasionnent des différences notables dans le taux de l'intérêt foncier.

Il est prouvé 1° que la valeur vénale d'un hectare de terre est en raison directe de sa fertilité, de la quantité de produits qu'il donne, des capitaux qui y ont été incorporés ; — 2° que le terrain a une valeur vénale d'autant plus élevée qu'il se trouve plus rapproché des centres de population ; — 3° que plus un hectare coûte cher, moins il donne de revenu foncier eu égard à sa valeur vénale, et qu'à l'inverse, moins il coûte cher, plus il donne de revenu foncier, eu égard à sa valeur vénale ; — 4° que si l'on considère une série d'hectares de terre, de qualités différentes, et ayant coûté, par exemple, 8000 fr., 4000 fr., 2000 fr., 1000 fr., l'hectare de la première qualité donne plus de produit que les autres, mais moins de revenu, relativement au prix d'acquisition ; — 5° que, dans les pays riches, le taux de l'intérêt foncier tend à descendre au dessous de 3 pour cent, tandis qu'il atteint 4, 4 1/2 et même 5 pour cent dans les régions moins favorisées.

Dans les pays relativement pauvres, où l'industrie agricole est arriérée, où les capitaux sont rares, on trouve difficilement des fermiers ; on est fort souvent obligé d'exploiter soi-même ou de prendre un métayer, et, par suite, de faire des avances. Cela est, pour le propriétaire foncier, un souci, un travail, une responsabilité ; il doit être rémunéré, et il l'est effectivement par un revenu foncier plus élevé, eu égard au prix d'acquisition de la terre.

## Chapitre VI.

*Des divers systèmes d'exploitation du sol.— Le faire-valoir,
le métayage, le bail à ferme.— Grande et petite culture.*

Dans le monde primitif, la population était clair-semée,
les ouvriers peu nombreux, le capital fort rare ; en même
temps, d'immenses espaces de terre restaient inoccupés.
Que faisait-on ? On économisait le travail et le capital. Quant
à la terre, on ne se la disputait pas : chacun cultivait ce qu'il
voulait ou plutôt ce qu'il pouvait. Le sol était couvert de
forêts ; on en brûlait une portion ; les cendres fumaient la
terre ; on y semait un peu de grain et on moissonnait.
L'année suivante, on brûlait une autre portion de la forêt.
C'était là la culture *extensive*, à laquelle a succédé la culture
*intermittente*. Ce second procédé consistait à ne revenir sur
un terrain déjà cultivé qu'après l'avoir laissé envahir par la
végétation sauvage qu'on faisait disparaître en y mettant le
feu. Durant cette période, le véritable propriétaire foncier
était celui qui possédait un petit capital de culture (bœufs,
instruments aratoires, grains pour les semailles). Lorsque
ce modeste capitaliste n'employait pas lui-même son capital,
il en cédait l'usage à un ouvrier agricole. La convention,
faite par le capitaliste et l'ouvrier, était un *colonat partiaire,*

en vertu duquel l'ouvrier cultivateur obtenait une faible portion du produit brut (1/6, 1/5 au plus).

Puis, on est entré peu à peu dans une nouvelle phase : la population s'est accrue ; la consommation a augmenté ; la culture intermittente, telle qu'on la pratiquait au début, est devenue insuffisante. On s'est vu obligé de revenir plus souvent sur les terres déjà cultivées. Alors a commencé un nouveau mode de culture, la *jachère,* qui consiste à diviser une exploitation agricole en un certain nombre de champs, qu'on ne cultive qu'à tour de rôle et après avoir laissé chacun d'eux se reposer un certain temps.

Cependant, le capital social et privé a augmenté. D'une part, le propriétaire foncier, qui avait des capitaux, en a employé une partie à améliorer ses terres, à en accroître la puissance productive. D'autre part, l'ouvrier agricole, l'ancien colon partiaire, a fait quelques épargnes à l'aide desquelles il s'est procuré des instruments aratoires, du bétail, des grains pour les semailles. Il a pu, dès lors, traiter dans de meilleures conditions avec le propriétaire foncier et lui demander, non, comme autrefois, 1/6 ou 1/5 seulement du produit, mais 1/4, 1/3. C'est la transition du colonat partiaire au *métayage* proprement dit, dans lequel le propriétaire du sol et le cultivateur partagent par moitié le produit.

Enfin, le moment arrive où le métayer possède assez de capitaux pour se faire entrepreneur de culture, pour devenir fermier. Il dit alors au propriétaire : « Votre terre produit » annuellement, en moyenne, telle quantité de récoltes » dont vous prélevez la moitié ; évaluons cette moitié en » argent ; chaque année, je vous paierai, à titre de fermage, » la somme convenue. » Voilà le *bail à ferme.* Le fermier qui, le fermage payé, a la totalité des fruits, est intéressé à ce que le produit brut soit aussi abondant que possible. Aussi emploie-t-il une partie de son capital en améliorations foncières et cherche-t-il à perfectionner ses procédés de culture. A la jachère succède la culture *alterne*. Avec la culture alterne, la terre ne se repose pas ; elle est cultivée sans relâche ; mais on a soin de lui demander, chaque année, des produits nouveaux se nourrissant de sucs différents ; et on ne cherche à obtenir un même produit que lorsque la terre a retrouvé les sucs nourriciers nécessaires à ce genre de produit. Sous le régime du bail à ferme, les 3/4 environ du produit appartiennent au fermier, qui donne 1/4 seulement au propriétaire ; ce quart est payé en argent.

Mais l'industrie agricole est susceptible de progresser encore : en appliquant à la terre une somme considérable de travail et de capital, on obtient de merveilleux résultats, au double point de vue de la quantité et de la qualité des produits. C'est là la culture *industrielle*. En pareil cas, l'entrepreneur ou fermier, engageant, à ses risques et périls, dans son industrie, des capitaux importants, garde les 5/6 environ du produit brut ; le fermage payé au propriétaire est réduit à 1/6. Du reste, dans le système du bail à ferme, qu'il s'agisse de culture alterne ou de culture industrielle, le propriétaire se trouve exonéré des risques de l'exploitation.

En résumé, on distingue trois systèmes d'exploitation du sol :

1° Le système du *faire-valoir* : le propriétaire cultive et exploite lui-même son domaine ;

2° Celui du *colonat partiaire* ou *métayage* : le propriétaire foncier s'associe au cultivateur avec lequel il partage les produits en nature, ordinairement par moitié ;

3° Celui du *bail à ferme* : le propriétaire foncier a recours à un entrepreneur qui prend la terre à ferme, moyennant une redevance fixe payable en argent et appelée fermage.

« En dehors de sa valeur agronomique, le métayage a l'avantage de faire partager au propriétaire et au fermier les mêmes mauvaises ou bonnes fortunes, selon les vicissitudes

des récoltes ; en outre, il favorise le travail en famille et expose moins la culture aux exigences de la main-d'œuvre salariée. En revanche, l'inconvénient du métayage est de forcer généralement le propriétaire à fournir les capitaux indispensables à l'exploitation (1). » Or il arrive souvent que le propriétaire foncier n'a pas à sa disposition le capital nécessaire.

Le bail à ferme est, en général, une combinaison utile et féconde. Sous le régime du bail à ferme, une partie notable de l'agriculture a fait de grands progrès. Ce mode d'exploitation du sol, réglé d'ailleurs par la libre convention, est strictement conforme à la justice distributive, c'est-à-dire au principe de la répartition proportionnelle des charges et des profits.

\*\*

La culture, considérée au point de vue des proportions qui lui sont données, offre deux types distincts : 1° la petite culture, c'est-à-dire la petite exploitation agricole à laquelle suffit un cultivateur qui, exceptionnellement, se fait assister d'un ou de deux ouvriers, qui consomme la majeure partie des produits de sa terre, qui ne porte sur le marché voisin et ne vend que la quantité de produits nécessaire pour se procurer les objets manufacturés dont il a besoin ; 2° la grande culture, c'est-à-dire la grande ferme exploitée par un entrepreneur d'industrie agricole, un fermier, qui dispose de capitaux importants, qui emploie des machines, qui a un nombreux personnel et qui produit, en grande quantité, telles ou telles denrées (céréales, laine, viande), en vue de pourvoir aux besoins du marché.

_____

(1) M. le duc d'Ayen. L'agriculture et l'industrie devant la législation douanière (Revue des Deux-Mondes du 1er juin 1881).

« La *loi*, relative à la distribution de la grande et de la petite culture, peut se formuler ainsi : la prédominance de telle ou telle forme de culture est déterminée par l'état des populations, l'abondance des capitaux, par le climat et le sol, par la nature des produits réclamés par la consommation (1). »

La nature du sol et le climat, qui imposent telle ou telle production agricole, le genre de produit qu'il s'agit d'obtenir en vue de la consommation, exercent une influence décisive et incessante sur la distribution des cultures. Ainsi, là où la consommation réclame du blé en abondance, là où l'on est obligé d'avoir beaucoup d'herbe pour le bétail, là où le cultivateur ne peut produire que du blé ou de l'herbe, on rencontre généralement les grandes fermes, la grande culture. Mais lorsque, pour satisfaire aux besoins de la consommation, il s'agit d'obtenir une grande variété de produits (tels que du chanvre, du lin, du houblon, du vin, des légumes, des fruits, des fleurs, etc.), et lorsque le sol et le climat se prêtent d'ailleurs à ces cultures variées, on rencontre ordinairement les petites exploitations, la petite culture.

Pour évaluer le produit des divers genres de culture, il ne faut pas mettre en parallèle un hectare d'une grande ferme où l'on récolte des céréales, et un hectare de jardin maraîcher, par exemple; il faut comparer entre elles des grandes fermes (de 60 à 120 hectares) et des petites fermes (de 2 à 6 hectares), se trouvant dans des conditions à peu près semblables, et calculer quel est le fermage payé pour un hectare. Le fermage représente, en effet, une portion du produit; et le fermier ne donne tel ou tel fermage qu'en

---

(1) M. A. Jourdan. Cours analytique d'Économie politique. Chapitre XXXI.

proportion du produit qu'il retire ou compte retirer de la terre. Eh bien! des renseignements fournis par la statistique il résulte que, dans toutes les régions cultivées, soit que l'on compare entre elles les fermes d'une même région, soit que l'on compare des fermes situées dans des régions différentes, c'est la petite culture qui donne le fermage le plus élevé. Ainsi, un hectare d'une petite exploitation agricole est affermé à plus haut prix qu'un hectare de grande ferme.

Il est certain que la grande culture, avec ses vastes champs, ses magnifiques prairies, ses troupeaux de bétail, ses machines agricoles, ses bâtiments d'exploitation, frappe les regards et offre un aspect imposant. En outre, si un riche capitaliste accumule sur un grand domaine des capitaux considérables, employés soit à perfectionner les moyens d'exploitation, soit à améliorer et fertiliser le sol, il obtiendra d'excellents résultats au double point de vue de la quantité et de la qualité des produits. Toutefois, certains agronomes font observer qu'en pareil cas les résultats obtenus sont dus, non à la grande culture, mais à l'abondance des capitaux employés, et que, si le vaste domaine dont s'agit était morcelé, vendu et livré à la petite culture, son produit se trouverait, en quelques années, presque quintuplé.

Les avis sont donc partagés sur la question de savoir lequel des deux genres de culture (la grande ou la petite culture) présente le plus d'avantages. C'est là une question intéressante, dont l'examen et la solution nous paraissent être du ressort de l'Economie rurale.

## Chapitre VII.

*Du régime de la propriété foncière. — Grande et petite
propriété.*

« Par les héritages et les ventes, dit M. Elisée Reclus, la
répartition de la propriété se modifie sans cesse et présente,
dans ses alternatives, des phénomènes complexes. En certaines parties de la France, la grande propriété tend à se
reconstituer, et la plupart de ceux qui travaillent la terre
la cultivent pour le compte d'autrui. Ailleurs, le morcellement du sol se continue régulièrement : tandis que les
villas et les jardins deviennent plus nombreux, les châteaux
et les parcs disparaissent... Le régime de la petite propriété, comparé à celui des vastes terres, a de très grands
avantages. Non seulement il assure au paysan une indépendance relative, mais il s'adapte singulièrement à la culture
des petits enclos et des jardins. Par contre, l'agriculture
proprement dite s'accommode mal de toute cette division du
sol, et la production générale en est amoindrie... En certains
endroits, le sol est, pour ainsi dire, émietté, et cela, non
seulement dans la banlieue des grandes villes, où prévaut le
jardinage, mais aussi dans les pays purement agricoles.
De cette distribution de la terre en morceaux distincts ou
même éloignés les uns des autres, résultent, pour l'agricul-

ture, des pertes de sol, de dépense et de temps, l'impossibilité de choisir un assolement régulier, des procès fréquents entre les propriétaires... La multitude des champs demande un allongement des chemins et des sentiers, des bornes plus nombreuses, plus de lisières incultes entre les propriétés diverses. La plupart des avantages que fournissent les procédés scientifiques de la grande culture sont perdus d'avance (1). »

Sans doute, la petite propriété présente quelques inconvénients ; mais il faut reconnaître qu'en compensation elle offre d'incontestables avantages, tant au point de vue politique qu'au point de vue purement économique. Ces avantages ont été mis en lumière dans le chapitre qui a trait à la Propriété en général.

On remarque que les terres sont habituellement plus divisées dans le voisinage des villes qu'au milieu des campagnes où la population est clair-semée, qu'elles se partagent autrement pour la culture des plantes potagères que pour celle des céréales, qu'enfin elles tendent beaucoup plus à se morceler dans les régions où le sol est très fertile que dans celles où le sol est aride.

Le morcellement de la propriété n'est pas un obstacle absolu à la grande culture. Un entrepreneur d'industrie agricole peut, en effet, réunir en une seule exploitation un grand nombre de parcelles de terre appartenant à différents individus. Les propriétaires de ces parcelles peuvent aussi se concerter et former une association agricole dans le but d'exploiter leurs terres en commun. De plus, les petites fermes sont à même de profiter d'un avantage qui semble exclusivement réservé aux grandes fermes, à savoir l'emploi des machines agricoles perfectionnées. Rien n'em-

(1) M. Elisée Reclus. Nouvelle Géographie universelle, tome II, pages 854 et suivantes.

pêche le possesseur d'une machine à moissonner, à faucher
ou à battre, de la louer successivement à chacun des petits
propriétaires d'une même région.

De même que la petite propriété n'est pas un obstacle
absolu à la grande culture, de même la grande propriété
n'exclut pas complétement la petite culture. Il est, en effet,
loisible au propriétaire d'un vaste domaine d'en affermer des
parcelles à divers cultivateurs, qui y pratiqueront la petite
culture, si la nature du sol le permet.

Y a-t-il lieu de réclamer l'intervention du législateur, soit
pour empêcher la concentration de la propriété et l'établissement de grandes exploitations agricoles, soit, au contraire, pour mettre obstacle au morcellement de la propriété
et à l'extension de la petite culture ? Nous n'hésitons pas à
répondre négativement ; et nous considérons comme inadmissible l'opinion de ceux qui voudraient, dans un sens ou dans
un autre, faire violence au cours naturel des choses, porter
atteinte à la liberté. « Plus on pénètre dans l'étude de cette
question, plus on se convainc que l'ordre le meilleur ne
peut être le fruit de combinaisons factices, mais qu'il résulte
du droit commun et de la simple liberté des transactions.
L'effet ordinaire de cette liberté est de produire un juste
mélange d'éléments divers et d'établir l'heureux équilibre
des forces essentielles à la prospérité et au développement
de la société (1). »

---

(1) M. H. Baudrillart. Manuel d'Économie politique. 2ᵉ partie,
chap. VI.

# Chapitre VIII.

## *L'intérêt du capital ou la part du capitaliste.*

Pour se procurer le capital fixe et le capital circulant dont il a besoin, l'entrepreneur d'industrie emprunte une somme d'argent avec laquelle il achète ces capitaux. La rémunération du capitaliste prêteur, qui a fourni le capital, est une somme d'argent exprimée par rapport au capital dont elle paie l'usage, 1/20 ou 5 pour cent, 1/25 ou 4 pour cent, par exemple. C'est là ce qu'on appelle l'*intérêt* du capital, la part, le revenu du capitaliste. L'intérêt n'est rien autre chose que le prix d'un service rendu.

Le contrat qui se forme entre le prêteur et l'entrepreneur est un *prêt à intérêt*. « Le prêt de consommation étant gratuit de sa nature, les choses prêtées ne deviennent productives d'intérêt qu'en vertu d'une stipulation. Cette stipulation doit être expresse (1). »

Quel est l'élément essentiel de l'*intérêt* ? C'est la rémunération, le prix du service rendu par le capitaliste qui, en

_____

(1) MM. Aubry et Rau. Cours de droit civil, tome IV, page 600.

s'abstenant de consommer, en épargnant, a constitué un capital qu'il met à la disposition de l'emprunteur, lequel est à même d'en tirer un profit plus ou moins considérable. De même que le *salaire* est la rémunération du travail, effort intellectuel et musculaire, de même l'*intérêt* est la rémunération de l'épargne, de l'abstinence voulue et réfléchie, effort négatif souvent difficile et pénible. Si l'on s'abstient de consommer tout ce qu'on a produit directement ou acquis par l'échange, en un mot, si l'on épargne, c'est qu'on a la perspective de retirer un *intérêt* de cette richesse épargnée, de ce capital.

Quelle est la valeur du service rendu par le capitaliste? En d'autres termes, quel est le taux de l'intérêt? Il est impossible de répondre catégoriquement à cette question. En effet, la valeur des services, comme celle des marchandises, varie sans cesse. Tout ce qu'on peut dire, c'est que, dans un lieu et à une époque déterminés, la valeur des services et celle des marchandises oscillent entre certaines limites, et qu'il y a un taux usuel de l'intérêt comme il y a un prix courant des marchandises : on prête à 3 pour 100, 4 pour 100, 5 pour 100, suivant les circonstances.

Lorsqu'on cherche à évaluer le taux de l'intérêt, il faut distinguer les différentes sources de revenu : l'intérêt du capital, le salaire du travail, le profit de l'entrepreneur. On dit souvent que les capitaux placés dans le commerce de détail rapportent plus que ceux engagés dans le commerce en gros ; c'est confondre l'intérêt du capital et le salaire du travail. Sans doute, le petit négociant, qui vend en détail, peut gagner de quoi vivre avec un faible capital de 1500 fr., 2000 fr., 3000 fr., auquel il fait produire annuellement 30 ou 40 pour 100, tandis que le commerçant en gros ne retire de son capital que 8 ou 10 pour 100, par an. Mais il est évident que le revenu, dont vit le détaillant, représente bien plus le salaire de son travail journalier que l'intérêt de son

modeste capital. Un pharmacien, qui monte son établissement avec un capital de quelques milliers de francs, peut
faire produire annuellement à son capital 40 ou 50 pour
100, et même davantage. Mais il est certain que ce revenu
du pharmacien ne peut pas être considéré comme l'intérêt
du capital engagé; il représente surtout le salaire légitimement dû au pharmacien pour ses soins, ses connaissances techniques, son habileté professionnelle, sa responsabilité.

Si donc le marchand en détail et le pharmacien s'adressent
à un capitaliste pour lui demander à emprunter son capital,
ce capitaliste n'est pas admis à venir leur répondre : « Je
consens à vous prêter mon capital ; mais je vous le prête à
un taux proportionné aux bénéfices que vous réalisez dans
votre industrie. » Il ne doit se préoccuper que de la solvabilité
des emprunteurs ; et, s'il consent à leur prêter, les intérêts
qu'il stipule doivent être fixés d'après le taux courant.
Assurément, le capitaliste peut réclamer davantage, demander à participer aux bénéfices de l'entreprise ; mais alors,
s'il participe aux bénéfices, sa situation change ; il n'est
plus simple capitaliste prêteur, il devient associé ; et, à ce
titre, il court les chances de gain, comme il est exposé aux
chances de perte. On voit qu'il ne faut pas confondre le
*dividende* que le capitaliste reçoit, comme associé dans une
entreprise, avec l'*intérêt* qu'il touche, comme simple capitaliste prêteur.

La valeur et le prix du service rendu par le capitaliste
sont réglés par la loi de l'offre et de la demande, — loi qui
préside aux variations de la valeur et du prix de toutes les
marchandises. L'intérêt du capital est en raison inverse de
la quantité de capitaux offerte et en raison directe de la
demande qui en est faite. Si l'offre de capitaux est rare et
la demande abondante, le taux de l'intérêt hausse ; il baisse,

au contraire, si l'offre de capitaux est abondante et la demande rare.

Le taux de l'intérêt peut varier du jour au lendemain ; cette variation ne signifie pas que le capital a, du jour au lendemain, augmenté ou diminué. Lorsqu'en pareille matière on dit que le capital est abondant ou rare, on entend parler, non de l'abondance ou de la rareté du capital *existant*, mais de l'abondance ou de la rareté du capital *réellement offert*, ce qui est différent. « Le capitaliste n'apporte sur le marché qu'une partie plus ou moins considérable du capital dont il peut disposer, suivant les temps, les lieux, les circonstances. Or, qu'est-ce qui détermine le capitaliste à offrir plus ou moins abondamment son capital sur le marché ? C'est le degré de sécurité dont jouit le capital. Là où la sécurité n'existe pas, où la propriété n'est pas respectée, dans les pays barbares, en un mot, on enfouit son or ; on craint de paraître riche, de peur d'exciter la convoitise des gens puissants ; on aime mieux vivre sur son capital que de s'exposer à le perdre en cherchant à le faire fructifier. Si, dans ces conditions-là, on se décide à prêter son capital, ce n'est qu'à un intérêt très élevé, afin de compenser les chances de perte. Les choses se passent tout autrement, on le sait, dans les pays civilisés. Mais, même dans ces derniers pays, en temps de crise, alors que la sécurité fait plus ou moins défaut, on voit se produire exceptionnellement ce qui est l'état ordinaire dans les pays barbares ; le capital se cache, se dissimule ; on s'efforce de lui donner la forme la plus mobile ; on transforme les capitaux privés immobiliers en capitaux circulants, en monnaie. Dans les temps de crise, pour les pays riches et civilisés, comme cela a lieu, en tout temps, pour les pays arriérés, sans doute le capital est encore là ; les bras des travailleurs sont là ; mais il y manque ce qui est la vie économique, le véritable souffle créateur, à savoir : le désir d'améliorer son sort, le goût de l'épargne, l'esprit d'entreprise (1). » La sécurité, dont jouissent le capital et la propriété en général, contribue puissamment à développer la production des richesses et à encourager l'épargne ; elle a pour effet d'accroître le capital offert et d'amener, par suite, la baisse du taux de l'intérêt.

———

(1) M. A. Jourdan, Cours analytique d'Economie politique. Chapitre XXXII.

## Chapitre IX.

*De la légitimité du prêt à intérêt. — Le taux de l'intérêt. —*
*L'usure.*

Durant des siècles, les théologiens, les philosophes, les
jurisconsultes ont enseigné, et les législateurs ont admis
que retirer un intérêt d'une somme d'argent prêtée constitue un acte condamnable, et que le prêt à intérêt est illégitime, parce qu'il blesse à la fois la religion, la morale et la
justice. Mais la prohibition du prêt à intérêt, bien que formulée par la loi religieuse et sanctionnée par la loi civile, a
été, en fait, continuellement éludée. Aujourd'hui, les législations des peuples civilisés reconnaissent la légitimité du
prêt à intérêt et se contentent de fixer un certain taux qui
varie, suivant les cas, et que le prêteur ne saurait dépasser
sans commettre un délit.

« L'argent, dit Montesquieu, est le signe des valeurs. Il est
clair que celui qui a besoin de ce signe doit le louer, comme
il fait de toutes les choses dont il peut avoir besoin. Toute
la différence est que les autres choses peuvent ou se louer
ou s'acheter, au lieu que l'argent, qui est le prix des choses,
se loue et ne s'achète pas. C'est bien une action très bonne
de prêter à un autre son argent sans intérêt ; mais on sent
que ce ne peut être qu'un conseil de religion, et non une loi

civile. Pour que le commerce puisse bien se faire, il faut que l'argent ait un prix, mais que ce prix soit peu considérable. S'il est trop haut, le négociant, qui voit qu'il lui en coûterait plus en intérêts qu'il ne pourrait gagner dans son commerce, n'entreprend rien Si l'argent n'a point de prix, personne n'en prête, et le négociant n'entreprend rien non plus. Je me trompe, quand je dis que personne n'en prête. Il faut toujours que les affaires de la société aillent ; l'usure s'établit, mais avec les désordres qu'on a éprouvés dans tous les temps (1). »

Au premier âge de la vie sociale, on prêtait en nature et gratuitement. Lorsqu'on a commencé à prêter de l'argent à intérêt, l'intérêt stipulé a été exorbitant. Prêteur a été longtemps (et non sans motif) synonyme d'homme avide et impitoyable, tandis qu'emprunteur signifiait homme obéré, dénué de ressources, malheureux. La plupart des doctrines philosophiques et religieuses ont pris naissance à une époque où les relations de prêteur à emprunteur avaient le caractère que nous venons d'indiquer ; et cela nous explique pourquoi ces doctrines ont condamné et flétri le prêt à intérêt. Les anciens philosophes et les théologiens, se faisant une idée fausse du rôle que joue le capital comme élément de la production des richesses, ne voulaient voir dans le prêteur qu'un homme riche qui abuse de la situation d'un homme pauvre. Ils considéraient donc le prêt à intérêt comme une grave infraction au devoir de charité, une offense à la morale et à la religion.

Aujourd'hui, grâce au progrès du commerce et de l'industrie, grâce à l'amélioration de l'état social et économique, on envisage le prêt à intérêt sous un tout autre aspect. Ce ne sont pas seulement les gens obérés qui empruntent, ce

---

(1) Montesquieu, Esprit des lois, Livre XXII, Chapitre XIX.

sont encore et surtout les industriels (manufacturiers, négociants, agriculteurs) dont les affaires sont florissantes et qui ont recours au crédit pour donner plns d'extension à leurs industries. Dans toutes les villes, il y a des banquiers, des escompteurs, dont la profession consiste à emprunter d'une main pour prêter de l'autre. Les idées fausses et les préjugés, que nous avons signalés, disparaissent pour faire place à une notion plus juste des nécessités économiques. Les capitaux étant devenus très abondants, le cercle des prêteurs s'est singulièrement agrandi. Chacun prête, plus ou moins, à intérêt ; chacun s'efforce de faire fructifier ses épargnes. On prête à l'Etat ; on prête aux Compagnies de chemins de fer, au Crédit foncier, à des Sociétés financières ou industrielles ; on prête à des banquiers ; on dépose des fonds à la Caisse d'épargne ; et lorsqu'il s'agit de toucher les intérêts, les gens les plus scrupuleux n'éprouvent, en les recevant, aucun remords de conscience ; car ils ont la certitude de ne commettre, en touchant ces sommes, aucun acte contraire à la justice, à la morale, à la religion, et ils savent à merveille que les intérêts qu'on leur paie leur sont légitimement dus.

A la prohibition du prêt à intérêt a succédé la fixation légale du taux de l'intérêt. Aux termes de l'article 1er de la loi du 3 septembre 1807, l'intérêt conventionnel ne peut pas excéder 5 pour 100 en matière civile, et 6 pour 100 en matière commerciale, c'est-à-dire le taux de l'intérêt légal, tel qu'il est fixé par l'article 2 de la même loi. « L'intérêt commercial peut être plus élevé que l'intérêt civil, parce qu'un commerçant tire un meilleur parti de l'argent prêté et fait courir des risques plus grands au prêteur (1). »

La limitation légale du taux de l'intérêt est condamnée par les économistes et par la plupart des publicistes et des

_____

(1) Mourlon, Répétitions écrites sur le Code civil, tome III, § 984.

jurisconsultes. On fait observer : 1° que la loi fixant le taux de l'intérêt est éludée fréquemment et de diverses manières ; 2° que, dans beaucoup de cas, on s'est vu obligé de tolérer et même d'autoriser formellement la violation de cette loi ; 3° que, dans plusieurs pays où l'on avait d'abord adopté la fixation légale du taux de l'intérêt, la liberté absolue a été proclamée, et qu'il n'en est résulté aucun inconvénient.

« Aux termes de la législation qui nous régit aujourd'hui, on appelle *usure* tout prêt d'argent dont on perçoit un intérêt supérieur à celui qui a été fixé par la loi. La loi ayant fixé le taux de l'intérêt, il est de toute évidence que, dépasser ce taux, c'est se mettre en révolte contre la loi et commettre un délit ; aussi n'est-ce point là qu'est le débat. Il s'agit de savoir si l'Etat et la loi n'outrepassent point leurs attributions quand ils fixent le taux de l'intérêt, et, par conséquent, si le prêt à intérêt ne doit pas être un contrat entièrement libre, comme le contrat d'achat et de vente, comme le contrat de louage, comme toutes les conventions privées où le prix des choses est réglé par le rapport ordinaire de l'offre et de la demande, sauf la répression des abus de confiance, des manœuvres frauduleuses et contraires à la bonne foi (1). »

L'argent est une marchandise. Eh bien ! l'intérêt est le prix qu'on paie pour avoir l'usage temporaire de la marchandise-argent. Or, ce prix doit être débattu librement, et d'autant plus librement qu'aux autres causes de variation s'ajoutent, dans l'espèce, les considérations particulières tirées de la personne de l'emprunteur. La marchandise-argent n'a pas un prix naturel, invariable ; elle a, comme les autres marchandises, un prix courant, le prix du marché,

(1) M. Ad. Franck, Philosophie du droit pénal, 2ᵉ partie, Chap. IV.

réglé par la loi économique de l'offre et de la demande. Le taux de l'intérêt, étant fixé par la loi et demeurant immuable, sera, la plupart du temps, ou supérieur ou inférieur au véritable prix de l'argent. Si le taux légal est supérieur au véritable prix de l'argent, la loi est inutile ; s'il est inférieur, la loi n'atteindra pas le but qu'elle se propose, parce que, si les magistrats, par leur surveillance, réussissent à empêcher l'infraction du taux légal, les prêts à intérêt deviendront de plus en plus rares, et les capitaux iront là où existe la liberté du prêt. Mais, le plus souvent, la surveillance des magistrats sera insuffisante : on trouvera mille moyens d'éluder la loi. L'emprunteur, ayant besoin d'argent, acceptera tous les arrangements que le prêteur lui imposera dans le but de dépasser le taux légal ; et cet emprunteur paiera un intérêt d'autant plus élevé que le prêteur voudra, comme dit Montesquieu, s'indemniser du « péril de la contravention, » c'est-à-dire des risques qu'il court en violant la loi. « La loi du 3 septembre 1807 a voulu que l'intérêt fût immuable partout. C'est cette loi qui est encore en vigueur. C'est cette loi qui est aujourd'hui attaquée de toute part, au nom de l'expérience et au nom de la science, au nom du commerce et de l'Economie politique. Abandonnée par les théologiens et même par les hommes politiques, elle n'est plus défendue que par un petit nombre de légistes, et ces légistes ont contre eux, non seulement les arguments de leurs adversaires, mais la législation des pays les plus civilisés de l'Europe (1). »

Plusieurs nations ont proclamé chez elles la liberté absolue du prêt à intérêt ; et nulle part on ne s'est plaint que cette liberté ait eu de fâcheux résultats. En France même, la loi de 1807 a reçu, à diverses époques, de profondes

---

(1) M. Ad. Franck. Philosophie du droit pénal, loc. cit.

atteintes, et son application se trouve soumise à des excep-
tions qu'il importe de signaler. « Le taux de l'intérêt, pour
les prêts faits aux colonies, est fixé par des règlements spé-
ciaux, d'après lesquels il est supérieur à celui que détermine
la loi du 3 septembre 1807. En ce qui concerne spécialement l'Algérie, une ordonnance du 7 décembre 1835 avait
fixé à 10 pour cent le taux de l'intérêt légal, en laissant
d'ailleurs aux parties la liberté de stipuler un intérêt conventionnel supérieur à l'intérêt légal. Mais cette ordonnance
a été rapportée par un arrêté du pouvoir exécutif, en date du
4 novembre 1848, qui, tout en maintenant à 10 pour 100 le
taux de l'intérêt légal, défend, sous les peines portées par
la loi de 1807, de stipuler un intérêt conventionnel supérieur à ce taux. Les prêts faits en pays étranger sont, en ce
qui concerne le taux de l'intérêt, exclusivement régis par
les lois du pays où ils ont eu lieu ; peu importe que le contrat
ait été passé entre étrangers, entre étrangers et Français,
ou même entre Français... Aux termes de l'article 8 de la
loi du 8 juin 1857, la Banque de France a été autorisée à
élever, lorsque les circonstances l'exigent, l'intérêt de ses
avances au-dessus de 6 pour 100... La loi du 3 septembre
1807 est inapplicable aux prêts sur nantissement faits par
les monts-de-piété (1). »

En présence de ces faits, la législation restrictive du taux
de l'intérêt ne peut plus se soutenir. Le commerce de la
marchandise-argent, le louage d'argent est, par essence,
une transaction privée, dans laquelle la loi n'a pas à intervenir autrement que pour réprimer la fraude. Les principes
de l'Économie politique conduisent donc à réclamer la
liberté absolue du prêt à intérêt. Toutefois, si l'on envisage
cette question en se plaçant à un autre point de vue, on est

---

(1) MM. Aubry et Rau. Cours de droit civil; tomo IV, § 396.

obligé de reconnaître que, dans certaines circonstances, l'usure est contraire à l'humanité, aux préceptes de l'honneur. « Mais par quelle mesure la prévenir, puisque la loi est impuissante ? Par des institutions de bienfaisance et de charité, par une sorte de banque du peuple, plus humaine que le Mont-de-Piété et moins exigeante, en fait de garanties, que la Banque de France ; par un crédit mobilier d'une organisation particulière, qui n'accepte que le nantissement du pauvre et qui se soutienne, en grande partie, par l'humanité des riches (1). »

Ne pas dégrader, par l'aumône, l'homme qui est en état de travailler, ne pas encourager la paresse par un don stérile, faire naître et stimuler les sentiments d'honneur et de probité, telles sont les pensées qui doivent guider les fondateurs de ces établissements salutaires.

### APPENDICE.

Le législateur vient de proclamer la liberté du taux de l'intérêt en matière commerciale. Voici le texte de la loi promulguée le 14 janvier 1886 :

« Article unique. — Les lois des 3 septembre 1807 et 19 décembre 1850, dans leurs dispositions relatives à l'intérêt conventionnel, sont abrogées en matière de commerce ; elles restent en vigueur en matière civile. »

Cette loi, qui réalise un progrès notable, peut être considérée comme un acheminement à la liberté absolue du taux de l'intérêt ; on y arrivera, sans aucun doute, lorsque l'éducation économique de notre pays sera un peu plus avancée.

---

(1) M. Ad. Franck, Philosophie du droit pénal, 2e partie. Chap. IV.

8

# Chapitre X

## *Le salaire de l'ouvrier ou la part du travail.*

L'entrepreneur d'industrie s'assure le concours de son personnel (ouvriers, mécaniciens, employés, ingénieurs, etc.) par un contrat appelé *louage d'ouvrage*. « Le louage d'ouvrage peut avoir pour objet, soit des services domestiques, industriels ou commerciaux, soit des œuvres à produire au moyen d'un travail de quelque nature que ce soit, mécanique, artistique, scientifique ou littéraire (1). » Par ce contrat, l'une des parties s'engage à faire quelque chose pour l'autre, moyennant un prix convenu entre elles. Qu'on appelle le prix convenu gages, rétribution, appointements, honoraires, traitement ou salaire, peu importe. Le mot *salaire*, qu'on emploie pour désigner la part du travail, est pris dans une acception très large : l'ingénieur, le dessinateur, le comptable, le contre-maître, l'ouvrier, sont également des salariés. Toutefois, le présent chapitre a trait principalement à la classe la plus nombreuse des salariés, aux ouvriers.

_____

(1) MM. Aubry et Rau. Cours de droit civil. Tome IV, § 371.

Le *salaire*, c'est-à-dire le prix convenu entre l'ouvrier et l'entrepreneur, pour le service que le premier s'engage à rendre au second, est fixé à l'avance, indépendamment du résultat de la production, de l'issue de l'entreprise. C'est sur le marché que l'entrepreneur rencontre les ouvriers dont il a besoin, et que l'ouvrier, de son côté, porte son offre de travail. Par ces mots « le marché, » on entend un marché fictif, comprenant tous les ouvriers et tous les entrepreneurs qui, d'une manière ou d'une autre, peuvent se rencontrer. A ce point de vue, le travail peut être considéré comme une marchandise offerte par l'ouvrier et demandée par l'entrepreneur.

Supposons que l'entrepreneur vienne fonder un établissement industriel, destiné à faire concurrence à d'autres établissements similaires existant dans un rayon plus ou moins étendu. Sur le marché du travail, il trouvera d'abord tous les ouvriers employés dans les établissements analogues ; il cherchera à les attirer, mais ses concurrents s'efforceront de les retenir. Il trouvera ensuite un certain nombre d'ouvriers inoccupés et beaucoup d'hommes valides ayant besoin d'ouvrage. Dans tous les cas, le salaire sera déterminé par la convention faite librement entre l'ouvrier et l'entrepreneur, le premier cherchant à vendre, le plus cher possible, la marchandise-travail, le second cherchant à l'obtenir au plus bas prix possible. Le prix courant du travail dépend donc de la concurrence que se font respectivement les acheteurs et les vendeurs de travail ; il est réglé par la loi d'ordre économique qui régit le prix de toutes choses, par la loi de l'offre et de la demande.

Les salaires tendent à s'élever, lorsque la marchandise-travail est très demandée et que les ouvriers sont rares ; ils tendent à s'abaisser, lorsque les ouvriers sont nombreux et que la marchandise-travail est peu demandée. « Lorsque deux patrons, a dit Richard Cobden, courent après un ouvrier, les salaires haussent; lorsque deux ouvriers courent après un patron, les salaires baissent. » Ainsi, le prix courant du travail, les salaires dépendent principalement du rapport qui existe entre l'offre et la demande de travail ; et c'est précisément ce qui doit avoir lieu dans un système de répartition des richesses, basé sur les libres conventions des parties et sur la propriété.

L'offre de travail est subordonnée à l'importance de la population, ou, pour mieux dire, de cette fraction de la population qui est disposée à travailler moyennant un salaire. Or le chiffre de cette fraction de la population varie sans cesse.

La demande de travail est subordonnée à l'importance du capital circulant, ou plutôt de cette portion du capital circulant qui est destinée et réellement affectée au paiement des salaires. Au reste, il est évident que la demande de travail est d'autant plus abondante que l'esprit d'entreprise est plus développé, que l'industrie est plus florissante et que les capitalistes, qui confient leurs épargnes aux entrepreneurs pour activer la production, jouissent d'une sécurité plus grande.

L'entrepreneur et l'ouvrier se trouvent en présence et discutent le prix du travail. Voyons comment ils peuvent calculer, l'un en offrant, l'autre en demandant un salaire.

Naturellement, l'entrepreneur sera porté à offrir le moins possible. Mais la concurrence des autres entrepreneurs l'obligera à faire des offres lui permettant de retenir ou d'attirer l'ouvrier. Il y a d'ailleurs un maximum que l'entrepreneur, dans ses offres, ne pourra dépasser : ce maximum est déterminé par le prix courant du produit, prix dans lequel l'entrepreneur doit retrouver : 1º ses frais de production ; 2º un certain bénéfice. Si, par exemple, la masse des produits, fabriqués dans une année, se vend 100,000 fr., et que le loyer de la manufacture et l'intérêt des capitaux s'élèvent à 40,000 fr., l'entrepreneur ne pourra distribuer en salaires qu'un peu moins de 60,000 fr. ; s'il distribuait 60,000 fr., son bénéfice serait nul.

Plaçons-nous maintenant au point de vue de l'ouvrier.

L'ouvrier sera évidemment porté à demander le plus possible, et la concurrence des autres ouvriers pourra seule l'amener à restreindre ses prétentions et à se rapprocher du chiffre que l'entrepreneur est à même d'accorder. Toutefois, il y a un minimum au-dessous duquel l'ouvrier, dans sa demande, ne saurait descendre. Ce minimum de salaire est la somme dont l'ouvrier a besoin pour se procurer les choses nécessaires à la vie. La marchandise-travail, comme toutes les autres marchandises, n'est apportée sur le marché que si le prix, qui en est donné, couvre les frais de production. Les frais de production de la marchandise-travail sont les dépenses que l'ouvrier est obligé de faire pour se nourrir, se vêtir, se loger, etc... Si le salaire était insuffisant, c'est-à-dire s'il descendait et se maintenait au-dessous du minimum dont nous venons de parler, l'ouvrier se verrait astreint à un régime de privations et de souffrances auquel il ne pourrait résister ; et la marchandise-travail serait offerte de moins en moins, parce que la population diminuerait.

Du reste, ce minimum de salaire, qui représente l'ensemble des choses nécessaires à l'existence (nourriture suffisante, vêtement, logement, etc.) et qu'on appelle salaire *naturel*, ne peut pas être évalué, déterminé d'une façon immuable ; il varie, en effet, comme les besoins eux-mêmes, suivant le climat, suivant les contrées : sous un climat chaud, il n'est pas le même que sous un climat froid ; au midi de la France, il n'est pas le même qu'au nord.

En résumé, le taux courant des salaires est réglé par la loi de l'offre et de la demande ; la marchandise-travail est offerte par les ouvriers et demandée par les entrepreneurs d'industrie ; les ouvriers se font concurrence dans l'offre, comme les entrepreneurs se font concurrence dans la demande. L'offre de travail est subordonnée au nombre des ouvriers disposés à travailler moyennant un salaire ; la demande de travail dépend de la somme de capital circulant affectée au paiement des salaires. A vrai dire, ce qui influe sur la demande de travail, c'est l'importance du capital sous toutes ses formes.

Aujourd'hui, l'ouvrier a le droit de discuter, avec l'entrepreneur, les clauses du contrat de louage d'ouvrage ; mais il doit user de ce droit avec intelligence et discernement. L'ouvrier, qui évalue le prix de son travail et réclame tel ou tel salaire, aurait tort de se préoccuper exclusivement des besoins auxquels le salaire est destiné à pourvoir ; il doit aussi tenir compte de la situation du marché et du prix courant des produits. La situation du marché et le prix courant des produits sont, en effet, des circonstances que l'entrepreneur, dans son offre de salaire, et l'ouvrier, dans sa demande, ne peuvent pas perdre de vue. Sans doute, il est permis de dire, d'une manière générale, que le salaire, qui représente la rémunération du travail, n'est jamais trop élevé ; mais encore faut-il que l'entrepreneur d'industrie ait la possibilité de le payer. Au surplus, il est juste que les salaires aillent en augmentant, au fur et à mesure que s'accroît la richesse publique.

Parfois il arrive, en temps de crise, que l'ouvrier est réduit à un salaire manifestement insuffisant. C'est là une situation déplorable qui, heureusement, ne dure pas longtemps. Parmi les moyens employés pour remédier à l'insuffisance momentanée des salaires, il en est un que l'Économie politique ne saurait approuver sans réserve : c'est la charité officielle. « ...Mettre la fraternité dans la loi, c'est une entreprise pleine de périls, une pente glissante, sur laquelle on risque de ne pouvoir plus s'arrêter. Oter à la charité sa spontanéité généreuse, faire d'elle un objet

de contrainte et une matière d'impôt, c'est la dégrader,
c'est la détruire... Combattre l'extension de la charité officielle, ne l'admettre qu'à titre exceptionnel et en cas d'urgence, ce n'est pas combattre la charité privée ou s'exerçant
par de libres associations, bien loin de là. L'Économie politique se borne à ce conseil : tâchez de donner à l'assistance
une forme qui n'énerve pas, chez celui qui la reçoit, le sentiment de la responsabilité, le souci personnel de son avancement et de son bien-être, instrument nécessaire et le seul
réellement efficace de l'amélioration du sort populaire (1).»

---

(1) M. H. Baudrillart. Manuel d'Économie politique, 4e partie,
chap. II.

## Chapitre XI.

*Les coalitions et les grèves. — Les syndicats professionnels.*

Il importe que le taux des salaires soit tel que l'ouvrier puisse, avec son salaire, se procurer les choses nécessaires à la vie et pourvoir à ses besoins rationnels. Allons plus loin : il importe que le salaire s'accroisse proportionnellement avec l'augmentation des bénéfices réalisés par l'entrepreneur d'industrie. Voilà, en pareille matière, la formule de la justice. Par salaire *juste*, nous entendons le salaire tel qu'il doit être, à un moment donné, eu égard à la situation du marché et aux conditions dans lesquelles s'opère la production.

La fixation du taux des salaires est, entre l'ouvrier et l'entrepreneur, l'objet d'un débat qui se renouvelle fréquemment. Si le dernier mot restait à la raison, l'entrepreneur comprendrait qu'il doit élever le salaire, lorsque l'industrie est florissante et le bénéfice considérable ; de son côté, l'ouvrier se résignerait à subir une diminution du salaire, lorsque l'industrie est languissante et le bénéfice médiocre. Mais les entrepreneurs, d'une part, les ouvriers, d'autre part, n'apprécient pas toujours sainement la situation du marché ; les uns et les autres n'ont en vue que leur intérêt personnel ; l'amour-propre et la passion s'en mêlent ; la discussion sur le taux des salaires s'envenime ; l'entente devient difficile, parfois impossible ; on prend alors un parti extrême ; l'entrepreneur ferme la manufacture, ou bien les ouvriers la désertent, se mettent en *grève*. Chaque partie espère, par son attitude, amener l'autre à un accommodement.

Avant 1864, toute coalition, tout concert, soit entre patrons, soit entre ouvriers, ayant pour effet d'amener ou de maintenir une cessation de travail, dans le but de forcer la hausse ou la baisse des salaires, ou de porter atteinte au libre exercice de l'industrie et du travail, était punissable, quelle que fût l'intention des personnes entrées dans la coalition, quelque légitime que pût être leur prétention à un abaissement ou à une hausse des salaires, quelque exempts de blâme et d'immoralité que pussent être les moyens employés pour établir ou maintenir la coalition. La liberté des conventions entre patrons ou ouvriers, admise pour chacun d'eux individuellement, ne comportait pas le droit, soit pour les uns, soit pour les autres, 1° de se concerter entre eux, même librement et sans emploi de la violence ou de l'intimidation, à l'effet de fixer les conditions auxquelles ils voulaient faire travailler ou travailler ; 2° de sanctionner leurs prétentions par la fermeture ou l'abandon des usines, fabriques et ateliers. Les coalitions n'étaient pas seulement interdites en matière de travaux industriels proprement dits ; elles l'étaient aussi en matière de travaux agricoles.

C'est en présence de cette législation répressive des coalitions qu'est intervenue la loi du 25 mai 1864, qui supprime le délit de coalition industrielle ou agricole. L'exposé des motifs de cette loi, après avoir fait remarquer que la législation antérieure laissait la fixation des conditions du travail pleinement libre, soit pour chaque patron ou ouvrier, soit même pour plusieurs patrons ou ouvriers agissant simultanément, mais sans concert préalable, ajoute : « Ce qui est licite pour l'individu, ce qui est licite pour plusieurs agissant simultanément, mais sans concert, comment cela deviendrait-il illicite et condamnable, parce que ceux qui ont le même intérêt et les mêmes besoins, et qui ont entre eux les liens naturels qu'amène cette communauté de besoins et d'intérêts, se sont concertés pour agir ensemble librement et arrêter pacifiquement une résolution commune? (1) »

La législation actuelle consacre donc implicitement le droit de coalition. Les seules coalitions qui soient demeurées punissables sont : 1º les coalitions de fonctionnaires, 2º les coalitions entre les détenteurs d'une même marchandise ou denrée, tendant à ne pas la vendre ou à ne la vendre qu'à un certain prix.

Mais la loi du 25 mai 1864 prévoit et réprime le délit d'*atteinte au libre exercice du travail ou de l'industrie*; ce délit existe de la part de toutes personnes qui, soit à la ville, soit à la campagne, auront, à l'aide de certains moyens, déterminé ou maintenu la cessation de travail, telle qu'elle est caractérisée par la loi. Pour qu'il y ait délit, il faut : 1º que la cessation de travail ait été déterminée ou maintenue au moyen d'une contrainte, physique ou morale, résultant de violences, voies de fait, menaces, manœuvres frauduleuses; 2º que la cessation de travail, déterminée ou maintenue par ces moyens, ait été concertée entre ceux qui ont cessé de faire travailler ou de travailler; 3º qu'elle ait eu pour but de forcer la hausse ou la baisse des salaires, ou de porter atteinte au libre exercice de l'industrie ou du travail.

Ainsi les *grèves*, c'est-à-dire les cessations de travail concertées, sont légales, licites, lorsque d'ailleurs elles ont lieu

---

(1) Exposé des motifs. Dalloz. Recueil périodique 1864. 4. 58.

sans violences, voies de fait, menaces ou manœuvres frauduleuses. Toutefois, il peut se faire que les grèves, bien que
licites, soient, en certains cas, contraires à l'intérêt public
et à la raison. Supposons que la hausse des salaires soit
demandée à un moment où les conditions de la production et la situation du marché ne permettent pas à l'entrepreneur de l'accorder. Qu'arrivera-t-il ? L'entrepreneur,
ne pouvant continuer à travailler, fermera son usine, ses
ateliers ; et la grève aura pour résultat de rendre, pendant
un certain temps, la fabrication impossible, au grand détriment de tous.

« Mais, disent certains ouvriers qui, du reste, acceptent,
en principe, le régime de l'entreprise et du salariat, on réalise dans l'industrie des bénéfices considérables, on y
amasse des fortunes énormes ; et il ne tiendrait qu'aux entrepreneurs de distribuer des salaires plus élevés, sauf à
faire de moins grandes fortunes et à les faire moins rapidement. » Sans doute, il y a des entrepreneurs qui gagnent
beaucoup d'argent, qui s'enrichissent rapidement. Mais est-
il permis de dire que tous les entrepreneurs s'enrichissent?
Non. Des statistiques faites à ce point de vue, il résulte que,
sur cent entreprises industrielles, 10 arrivent à une entière
prospérité, 20 croulent dès le début, 50 végètent plus ou
moins longtemps.

Les grèves peuvent-elles avoir pour effet de modifier sé-
rieusement et définitivement le taux des salaires? L'utilité
et l'efficacité des grèves sont fort contestables. De deux
choses l'une : ou bien l'entrepreneur réalise des bénéfices
considérables, un profit énorme, ou bien ces bénéfices, ce
profit sont médiocres. Dans ce second cas, l'élévation des
salaires, obtenue au moyen de la grève, réduirait le profit à
néant ; l'entrepreneur ne pourrait pas continuer à travailler
sans rien gagner ; l'usine, les ateliers seraient fermés ; et les
ouvriers, obligés de travailler pour vivre, s'en iraient offrir

leur travail à d'autres entrepreneurs et, par suite, faire concurrence à d'autres ouvriers dont ils réduiraient les salaires. Dans le premier cas, celui d'une industrie florissante, où l'entrepreneur réalise de gros bénéfices, il est à peu près certain que de nouveaux entrepreneurs, attirés par la perspective de gains considérables, viendront exploiter cette même industrie qui offre de si beaux bénéfices ; ces nouveaux entrepreneurs chercheront des ouvriers ; ils se disputeront, sur le marché du travail, les ouvriers déjà formés et habiles dans l'industrie dont il s'agit ; et nécessairement les salaires hausseront. Dans cette hypothèse, que gagneront les ouvriers qui se seront mis en grève? Rien. Ainsi, dans les deux cas, la grève aura été nuisible, funeste pour tous, ou bien elle aura été inutile.

Assurément, les réclamations des ouvriers ne sont pas toujours injustes, et les résistances des patrons ne sont pas toujours fondées. Les grèves peuvent être légitimes, réussir et avoir des résultats favorables à l'ouvrier. Mais on a tort de leur attribuer, d'une façon générale, l'élévation du taux des salaires. « Permises ou non, dit-on, on fait des grèves depuis cinquante ans, les salaires ont augmenté de 30 à 80 pour cent, suivant les industries ; donc les grèves ont du bon. Rien de plus faux que ce raisonnement.... Ce qui fait hausser les salaires, c'est l'accroissement du capital, les progrès de l'art industriel, le développement de l'esprit d'entreprise, le flot montant sans cesse de la richesse publique qui porte et élève tous les revenus, sauf le revenu du pur capitaliste, qui ne met pas lui-même son capital à l'œuvre. Est-ce que les grèves ont été d'une pratique générale ? Est-ce que les salaires ne montaient pas alors que, sous l'empire d'une législation répressive des coalitions, les grèves n'étaient qu'un accident insignifiant, et que les ouvriers avaient si peu de chance de faire triompher leurs prétentions par cette voie ? D'ailleurs les salaires ont augmenté précisément dans les proportions les plus notables, dans les industries où l'on n'a jamais songé à faire des grèves.., Quoiqu'il en soit, les grèves sont toujours des faits regrettables ; c'est la guerre, c'est un procès, au lieu d'une entente pacifique, d'un arrangement amiable (1). »

Le droit de coalition, implicitement reconnu par la loi du 25 mai 1864, n'emportait pas, pour les patrons ou les ouvriers, la faculté de former une *association* de plus de vingt personnes, sans obtenir préalablement l'autorisation prescrite par l'article 291 du Code pénal. La loi de 1864 permettait les coalitions accidentelles et temporaires; mais elle n'autorisait pas les *coalitions permanentes*. Le législateur y voyait, en effet, une sorte de rétablissement des anciennes corporations prohibées par la loi du 17 juin 1791, aux termes de laquelle « les citoyens d'une même profession ne pourront, lorsqu'ils se trouveront ensemble, nommer ni présidents, ni sociétaires, ni syndics, tenir des registres, prendre des arrêtés ou délibérations, former des règlements sur leurs prétendus intérêts communs. »

Après comme avant la loi de 1864, la jurisprudence condamnait formellement toutes les associations, ayant le caractère de coalitions permanentes, et notamment les associations dites de *résistance*, dont l'organisation a été tentée par les ouvriers de plusieurs métiers, à l'imitation de ce qui se pratique en Angleterre.

Mais une loi récente, la loi du 21 mars 1884 sur les *syndicats professionnels*, a supprimé cette dernière entrave à l'exercice du droit de coalition, en proclamant la liberté complète des *associations professionnelles*. Sont autorisées les associations formées entre personnes qui exercent « la même profession, des métiers similaires ou des professions

---

(1) M. A. Jourdan. Cours analytique d'Économie politique. Chapitre XLV.

concourant à l'établissement de produits déterminés, »
lorsque ces associations ont pour objet « l'étude et la défense
des intérêts économiques, industriels, commerciaux et agricoles. » La loi exige que les statuts de l'association soient
déposés à la mairie du lieu où l'association est établie, qu'on
déclare les noms des administrateurs et directeurs, que les
administrateurs ou directeurs du syndicat soient Français et
jouissent de leurs droits civils. Les syndicats professionnels
sont autorisés à former entre eux des *unions* ayant l'objet
indiqué ci-dessus. Des dispositions de la loi du 21 mars 1884,
il résulte que, désormais, le droit de coalition peut être
librement exercé au moyen d'associations professionnelles
régulièrement constituées.

## CHAPITRE XII

*Le profit ou la part de l'entrepreneur.*

Le revenu de celui qui, étant à la fois entrepreneur et
capitaliste, opère avec son propre capital, se compose :
1º d'une somme représentant l'intérêt du capital ; 2º d'une
somme représentant le bénéfice de l'entreprise. Supposons
que, déduction faite de tous les frais de production, l'entreprise ait rapporté 9 pour 100, eu égard au capital engagé ;
5 pour 100, par exemple, représenteront l'*intérêt du capital*
(intérêt que l'entrepreneur se paiera à lui-même); le surplus
(4 %) représentera le bénéfice de l'entreprise, le *profit* de
l'entrepreneur.

Plaçons-nous maintenant dans l'hypothèse où l'entrepreneur, opérant avec un capital emprunté, est purement et
simplement entrepreneur. En ce cas, sa part consiste uniquement dans le bénéfice de l'entreprise. Lorsque l'entrepreneur a vendu les produits obtenus, il distribue à chacun
des agents de la production (propriétaire foncier, capitaliste,
ouvrier), la part qui lui revient. Si, tous frais de production
payés, il reste quelque chose, cet excédant constitue la part,
le *profit* de l'entrepreneur.

L'entrepreneur d'industrie étant responsable, sa part est
aléatoire : si l'entreprise a été créée dans de mauvaises

conditions, mal dirigée, il en supporte les conséquences ; mais, à l'inverse, son profit peut être très important, si l'entreprise réussit.

Lorsque, dans un pays, l'activité industrielle et l'esprit d'entreprise font défaut, le capital demeure stérile, le travail est frappé d'impuissance. C'est l'entrepreneur d'industrie qui met le capital en œuvre et s'efforce d'en augmenter la productivité ; c'est lui qui, chargé d'organiser et de diriger le travail, réalise ces combinaisons diverses destinées à rendre le travail plus productif, plus fécond. L'entrepreneur, avons-nous dit, se met en relations avec les divers agents de la production, et distribue à chacun sa part sous forme de fermages, d'intérêts et de salaires. Il s'assure le concours de nombreux auxiliaires : teneurs de livres, caissiers, commissionnaires pour la vente et l'achat, etc.., Il est obligé d'avoir des fonds toujours prêts pour subvenir aux dépenses qu'occasionne la production, et il fait, s'il y a lieu, appel au crédit. Enfin, c'est lui qui se charge d'écouler les produits fabriqués. L'entrepreneur rend donc des services incontestables ; et comme, en même temps, il court de grands risques, son profit peut être très considérable, sans cesser, pour cela, d'être légitime.

L'entrepreneur d'industrie ne peut être considéré ni comme un simple capitaliste, ni comme un simple ouvrier salarié; parmi les travailleurs, il occupe le premier rang, en raison des qualités intellectuelles que sa fonction exige et de la responsabilité qu'il assume. « Il lui faut du jugement, de la constance, une certaine connaissance des hommes; il doit pouvoir apprécier avec quelque exactitude l'importance de son produit, le besoin qu'on en aura, les moyens de production dont il pourra disposer. Il s'agit de mettre à l'œuvre un grand nombre d'individus; il faut acheter ou faire acheter des matières premières, réunir des ouvriers, trouver des consommateurs... Dans le cours de toutes ces opérations, il y a des obstacles à surmonter, qui demandent une certaine énergie ; il y a des inquiétudes à supporter, qui demandent de la fermeté ; des malheurs à réparer, pour lesquels il faut de l'esprit de ressource. Enfin, le métier de l'entrepreneur veut qu'on ait de l'invention, c'est-à-dire le talent d'imaginer tout à la fois les meilleures spéculations et les meilleurs moyens de les réaliser (1). » Il est juste que de telles qualités et un tel labeur donnent droit à une rétribution exceptionnelle.

La baisse du taux des salaires est toujours une chose fâcheuse, car elle prouve que le capital est insuffisant, ou que l'activité industrielle diminue, ou que la population est surabondante par rapport aux ressources du pays. La baisse du taux des profits n'est, en aucune façon, l'indice d'un ralentissement de l'activité industrielle, d'une diminution de l'esprit d'entreprise ; elle est uniquement le résultat de la concurrence que se font entre eux les entrepreneurs d'industrie, — concurrence dont tout le monde profite.

---

(1) J.-B. Say. Cours complet d'Économie politique, chap. VIII.

## Chapitre XIII.

*De l'association.— Des diverses formes du contrat de société.*

Jusqu'à présent, nous n'avons étudié la répartition de la richesse entre les divers agents de la production, qu'en nous plaçant au point de vue du système de l'*entreprise*. A côté de ce système, il en est un autre, celui de l'*association*.

Le caractère distinctif du régime de l'association est que tous les associés sont, dans une certaine mesure, entrepreneurs, et que la part de chaque associé consiste dans une fraction du bénéfice ou profit de l'entreprise.

L'homme a l'instinct de la sociabilité et, par suite, celui de la coopération. Pour donner plus d'efficacité à la coopération, les hommes peuvent se lier entre eux par une convention spéciale qu'on appelle la *Société*, et que le Code civil définit en ces termes : « La société est un contrat par lequel deux ou plusieurs personnes conviennent de mettre quelque chose en commun, dans la vue de partager le bénéfice qui pourra en résulter. Article 1832. » « Toute société, ajoute l'article 1833, doit avoir un objet licite, et être contractée pour l'intérêt commun des parties. Chaque associé doit y apporter, ou de l'argent, ou d'autres biens, ou son industrie. »

On distingue d'ailleurs les sociétés *civiles* et les sociétés *commerciales*. « Le contrat de société se règle par le droit civil, par les lois particulières au commerce et par les conventions des parties. » (Article 18 du Code de commerce).

La loi reconnaît quatre espèces de sociétés commerciales : 1° la société *en nom collectif ;* 2° la société *en commandite ;* 3° la société *anonyme ;* 4° la société *à capital variable.* Indépendamment de ces quatre espèces de sociétés, la loi reconnaît les associations *commerciales en participation,* qui sont relatives, non à l'exploitation d'une branche de l'industrie, en général, mais à une ou plusieurs opérations de commerce déterminées à l'avance.

Dans la société *en nom collectif,* qui est l'expression la plus complète de la solidarité d'intérêts entre associés. tous les associés sont indéfiniment et solidairement responsables des engagements de la société. Dans la société *en comman-dite,* il y a deux classes d'associés ; les uns sont responsables et tenus, indéfiniment et solidairement, des engagements de la société ; les autres, appelés commanditaires, ne sont passibles des pertes que jusqu'à concurrence des fonds qu'ils ont mis ou dû mettre dans la société. La société en commandite, qui représente l'association du travail et du capital, est une des formes les plus remarquables du crédit. Dans la société *anonyme,* qui est une association de capitaux, plutôt qu'une association de personnes, aucun des associés n'est indéfiniment responsable. Les gérants de la société anonyme ne répondent que de l'exécution du mandat qu'ils ont reçu et accepté ; ils ne contractent, à raison de leur gestion, aucune obligation personnelle et solidaire, relative-ment aux engagements de la société ; ce sont de simples fonctionnaires salariés. Enfin, on peut stipuler, dans les statuts de toute société, que le capital social sera susceptible d'augmentation, par des versements successifs faits par les associés ou par l'admission d'associés nouveaux, et de diminution par la reprise totale ou partielle des apports effectués. C'est là ce qu'on nomme la société *à capital variable.*

Parmi les capitalistes qui viennent prêter leur concours à une société, tout en n'y engageant leurs capitaux que jusqu'à concurrence d'une somme déterminée, on distingue l'associé proprement dit, qui risque de perdre complétement son apport, si la société ne réussit pas, et le simple capitaliste, qui prête une somme d'argent à la société. L'associé ou *actionnaire* reçoit un dividende variable, c'est-à-dire une quote-part du bénéfice net proportionnelle à son apport. Le simple prêteur ou *obligataire,* qui n'est pas associé, reçoit un intérêt fixe. On remet à l'associé un titre qu'on appelle une *action.* On remet au prêteur, c'est-à-dire au créancier, un titre qu'on appelle une *obligation.* L'*action* et l'*obligation* sont des valeurs mobilières, qui peuvent être *nominatives* ou *au porteur,* qui se transmettent aisément et dont le prix varie suivant la sécurité qu'elles offrent, suivant la solidité et la prospérité de l'association. Il y a donc, dans l'association, deux sortes de capitaux : le *capital-actions* ou capital d'entreprise et le *capital-obligations* ou capital auxiliaire.

Remarquez d'ailleurs que ceux qui fournissent leur travail peuvent, de même que les capitalistes bailleurs de fonds, stipuler, pour prix de leur coopération, soit un salaire fixe, soit une part dans les bénéfices, soit une rémunération mixte, c'est-à-dire un salaire fixe, plus une part dans les bénéfices.

Le régime de l'association, qui se prête aux combinaisons les plus variées, fait, dans les diverses branches de l'industrie, une sérieuse concurrence au système de l'entreprise individuelle. L'industrie des transports, l'industrie extractive, certaines industries manufacturières, le commerce de banque et plusieurs branches du commerce de détail, ont donné naissance à de puissantes compagnies, à des sociétés dont quelques-unes ont pris un développement colossal.

## CHAPITRE XIV

*De la population.— Exposé de la doctrine de Malthus.*

« Ce n'est qu'en vue de la population et par elle que les
produits existent. C'est elle qui se livre à ce vaste échange
de services. La population est, en un mot, la matière vi-
vante de l'Economie politique. Depuis longtemps, les politiques répètent qu'elle est la force et la richesse des Etats.
C'est précisément à l'examen de cette assertion que nous
allons nous livrer (1). » Au point de vue de la distribution
de la richesse, le chiffre de la population est un élément
qu'on ne peut pas négliger; car c'est entre les individus, dont
l'ensemble forme la masse de la population, que la richesse
produite doit se répartir. La somme de richesses produites
est le dividende; le chiffre de la population est le diviseur.
Or il est évident que le chiffre du diviseur influe sur le résultat de la division, sur le quotient.

« Le créateur de l'univers, qui a peuplé la terre de tant
de races, qui l'a parée de tant de plantes diverses, a, dans
sa prévoyance éternelle, largement pourvu à la conservation
et à la multiplication des espèces; il a prodigué partout les

---

(1) M. H. Baudrillart. Manuel d'Économie politique, 4e partie,
chap. VI.

germes de vie (1). » La vie surabonde ; mais il y a un principe destructeur qui s'oppose à ce qu'elle prenne un développement excessif. La mort apparaît et agit sous mille
formes : bouleversements de la nature, intempéries des
saisons, maladies épidémiques ou autres, lutte constante
entre les espèces, entre les individus qui se disputent la
terre et les moyens de subsistance....

Une population nombreuse est, pour un Etat, une condition de force, de richesse, de prospérité. Cependant doit-on
souhaiter que la population s'accroisse indéfiniment ? Il
faut que cette population puisse vivre ; et pour qu'elle
puisse vivre, il faut qu'il y ait équilibre entre elle et les
moyens de subsistance. Or est-il possible d'admettre que les
moyens de subsistance croîtront toujours dans la même
proportion que la population ? Celle-ci augmentant sans
cesse, n'arrivera-t-il pas un moment où l'équilibre sera
rompu ?

Ces questions ont été résolues diversement. La population active, laborieuse, économe, disent les uns, n'est jamais
trop nombreuse ; car tout individu qui travaille trouve des
moyens d'existence. Du reste, même dans les pays civilisés,
occupés depuis des siècles, il y a des terres, incultes et
stériles, à cultiver et à fertiliser, des terres qui n'attendent
pour produire que quelques capitaux et des bras. Enfin,
lorsque la population devient surabondante, le trop-plein
émigre et s'en va coloniser des pays neufs.

Dans les pays les plus peuplés, disent les autres, dans les
pays qui passent pour les plus riches et les plus civilisés,
on compte un grand nombre d'individus n'ayant que le
strict nécessaire ou vivant dans l'indigence et le dénûment.
La production de la richesse paraît y avoir atteint son

---

(1) M. A. Jourdan. Cours analytique d'Économie politique. Chapitre XXXVIII.

extrême limite ; et cependant la population s'accroît d'une façon constante. En réalité, l'équilibre entre la population et les moyens de subsistance n'existe plus ; il ne se maintient qu'en apparence et à cause des fléaux qui, de temps en temps, enlèvent la portion surabondante de la population.

Un économiste anglais, Malthus, dont la doctrine est demeurée célèbre, a étudié et discuté la question de la population. « Malthus s'est trouvé en présence de gens qui prêchaient à notre vieille société le « croissez et multipliez » de la Genèse, adressé à nos premiers parents le lendemain de la création ; de législations qui donnaient des primes d'encouragement à la procréation des enfants ; de philanthropes qui la considéraient comme la première vertu sociale ; d'agronomes affirmant que la fécondité de la terre est inépuisable ; de prédicateurs qui, dénaturant la parabole évangélique du lis et des petits oiseaux qui, sans rien faire, sont magnifiquement vêtus et nourris, recommandaient comme une vertu chrétienne l'imprévoyance décorée du nom de noble confiance en la Providence divine. Malthus s'est ému, plus vivement que d'autres, des tendances dangereuses que recèlent ces doctrines fausses ou imprudentes ; il a pensé qu'il y avait là une question qui méritait une patiente analyse ; il a entrepris une vaste enquête sur les obstacles qui se sont opposés à l'accroissement de la population dans les différents temps et les divers pays ; il a apprécié la valeur des remèdes proposés en vue d'obvier aux maux résultant de l'excès de population (1). » Puis des faits, qu'il a observés et analysés, il a cru pouvoir tirer les conséquences suivantes : 1° si l'homme et la femme se mariaient aussitôt qu'ils sont nubiles et procréaient des enfants

---

(1) M. A. Jourdan, loc. cit.

en aussi grand nombre et pendant aussi longtemps que la
nature le permet, la population deviendrait surabondante
par rapport au territoire qui doit la contenir et la nourrir;
2° la population, lorsque son accroissement n'est arrêté
par aucun obstacle, va en doublant tous les vingt-cinq ans;
elle augmente suivant la progression géométrique 1, 2, 4,
8, 16, 32..., tandis que les subsistances augmentent à peine
suivant la progression arithmétique 1, 2, 3, 4, 5, 6.... Il en
résulte qu'au bout de cent ans, la population pourrait être
aux moyens de subsistance comme 16 est à 5; qu'au bout de
deux siècles, elle pourrait être aux moyens de subsistance
comme 256 est à 9; 3° les fâcheux résultats de cette surabondance de population ne peuvent être prévenus ou atté-
nués que de deux manières, soit par les fléaux, les maladies
épidémiques, la guerre, la misère, le vice, qui déciment
l'humanité, soit par la force morale qui dompte les passions,
par la raison et la prudence qui conseillent de ne pas se
marier trop tôt et de ne pas s'abandonner sans mesure à
l'instinct de la reproduction; 4° de ces deux remèdes à un
mal dont la société est menacée, le second, le remède pré-
ventif, consistant dans la force morale, la prudence, la tem-
pérance, est assurément préférable au premier, c'est-à-dire
à la répression que des calamités publiques ou la nature
elle-même exercent impitoyablement. A ceux qui prétendent que l'émigration est un remède efficace contre la surabondance de la population, Malthus répond que ce prétendu
remède n'est qu'un palliatif; et il met en relief les difficultés
de l'émigration, la condition misérable des émigrants. Le
fait de l'émigration démontre d'ailleurs la nécessité de proportionner la population d'un pays aux moyens de subsistance qu'il peut offrir, et confirme implicitement la doctrine
de Malthus.

Nous avons fait connaître quelle est, d'après Malthus, la
loi de la population. Cette loi « peut être formulée de la

manière suivante, ce qu'elle présente de trop rigoureusement mathématique étant écarté : « Il y a dans la population une tendance à dépasser, pour ainsi dire, indéfiniment les moyens de subsistance (1). »

« Il y a place pour tous sur la terre, a-t-on dit, et Dieu l'a rendue assez féconde pour fournir abondamment aux besoins de tous... L'auteur de l'univers n'a pas fait l'homme de pire condition que les animaux; tous ne sont-ils pas conviés au riche banquet de la nature ? Un seul d'entre eux en est-il exclu?... Les plantes des champs étendent l'une près de l'autre leurs racines dans le sol qui les nourrit toutes, et toutes y croissent en paix; aucune d'elles n'absorbe la sève d'une autre (2). »

« Il n'est pas vrai, répond M. H. Baudrillart, qu'aucune plante ne dérobe la sève d'une autre, et que toutes étendent leurs racines sans se nuire dans le sol. Des milliards de germes végétaux tombent chaque année sur la terre, y puisent un commencement de vie, et succombent étouffés par des plantes plus fortes et plus vivaces. Il n'est pas vrai que tous les animaux qui naissent soient conviés au banquet de la nature et qu'aucun d'eux n'en soit exclu. Parmi les espèces sauvages, ils se détruisent les uns les autres, et dans les espèces domestiques, l'homme en retranche un nombre incalculable. Ainsi, pour les végétaux, comme pour les animaux, la force limitative se montre et agit sans cesse sous la forme de la destruction. Niera-t-on que cette force ne sévisse sans cesse aussi contre l'espèce humaine ? Est-ce Malthus qui a déchaîné sur la pauvre humanité le typhus et la faim, la misère et le vice ? Lui reprochera-t-on de tenir à l'homme le langage suivant : « Au lieu de laisser se déve-

---

(1) M. H. Baudrillart. Manuel d'Économie politique, 4° partie. chap. VI.

(2) Lamennais. Le Livre du peuple.

lopper les causes de destruction, en agissant au hasard et
sans réflexion, comme les végétaux et les brutes, agis en
créature raisonnable, use de ton libre arbitre. » Par le pré-
cepte : *Croissez et multipliez.* la religion n'a pas ordonné à
l'homme de croître sans discernement et sans mesure. Elle
a fait de la virginité, de la chasteté, de la continence, des
vertus et non des vices (1). »

Sans doute, la densité de la population est une des conditions de la prospérité au point de vue économique. En effet,
là où la population est nombreuse, on est à même de produire sur une grande échelle et, par conséquent, à bon
marché. Mais il faut distinguer le cas où la population est
nombreuse et celui où elle est surabondante. La densité de
la population est un bien ; sa surabondance est un mal. Sans
doute, chaque individu, qui vient au monde, ayant besoin,
pour vivre, de consommer une fraction de la richesse produite, constitue un débouché pour la production et trouve
lui-même un débouché dans la consommation des autres.
La population augmentant, on produit davantage et, par
suite, à meilleur marché. Cela est vrai pour certaines industries, pour l'industrie manufacturière notamment ; mais
cela ne peut s'appliquer à l'industrie agricole, l'industrie
nourricière par excellence. En agriculture, il n'est pas exact
de dire que, plus on demande à la terre, moins les produits
coûtent cher.

Dans son livre, intitulé *Essai sur le principe de la population*, Malthus indique l'esprit et le but de sa doctrine :
« C'est méconnaître entièrement mes principes, dit-il, que
de m'envisager comme un ennemi de la population Les
ennemis que je combats, sont le vice et la misère. C'est
pour diminuer l'influence de ces redoutables adversaires,

---

(1) M. H. Baudrillart, loc. cit.

que je propose d'établir, entre la population et la nourriture, un rapport qui leur donne moins de prise... Je crois que l'intention du Créateur est que la terre se peuple, mais qu'il veut qu'elle se peuple d'une race saine, vertueuse et heureuse, non d'une race souffrante, vicieuse et misérable (1). »

Certains auteurs ont vivement critiqué la théorie de Malthus, et leurs attaques ont été souvent aussi injustes que passionnées.

L'économiste anglais, en abordant le problème de la population, paraît s'être préoccupé, à l'excès, d'un péril encore lointain. De plus, ses moyens d'information ayant été insuffisants, quelques-unes de ses observations ne sont pas d'une exactitude absolue. Enfin, lorsqu'il parle des lois inéluctables de la vie et de la mort, peut-être exprime-t-il ses sentiments d'une façon dure et tranchante. Néanmoins, la plupart des économistes considèrent sa doctrine comme ayant, au point de vue scientifique, une réelle valeur.

Au reste, Malthus écrivait vers la fin du XVIIIe siècle. Pour apprécier équitablement son œuvre, on doit tenir compte des conditions économiques au milieu desquelles il a vécu. Les appréhensions, le pessimisme de Malthus se conçoivent dans une certaine mesure. Depuis cinquante ans, la science et l'industrie ont, par suite de merveilleuses découvertes, fait des progrès immenses, dont l'économiste du XVIIIe siècle n'a pu être témoin. Aujourd'hui, il est permis à nos économistes de ne pas éprouver les mêmes craintes que Malthus, et de ne pas se préoccuper aussi vivement du danger que peut présenter, dans un avenir très éloigné, la surabondance de la population.

« Avons-nous épuisé la série des stages successifs par lesquels passe la société, reculant de plus en plus la limite

---

(1) Malthus. Essai sur le principe de la population, livre V, chap. 1.

des subsistances ? Non certes... Le monde ne nous réserve-t-il pas, dans les deux Amériques, dans l'Asie septentrionale et centrale, dans toute l'Afrique, dans les innombrables îles de l'Océanie, dans les vastes plaines de la Russie, et même dans les pays les plus civilisés de l'Europe, beaucoup de terres que la charrue n'a pas encore effleurées ?... L'esprit de l'homme, l'art agricole ont-ils dit leur dernier mot, ont-ils touché le point extrême au-delà duquel ils ne peuvent plus rien inventer d'utile ? (1) » Assurément, la production agricole ne saurait être infinie ; mais on peut dire qu'elle est indéfinie. D'une part, il y a beaucoup de pays dont la fertilité est à créer ; d'autre part, il n'en est pas un dont la fertilité ne puisse s'accroître.

« Souvent sur la plus vaste étendue de terre, les hommes trouvent de la difficulté à vivre, et souvent, au contraire, ils vivent dans l'abondance sur la plus étroite portion de terrain. Un arpent de terre en Angleterre ou en Flandre nourrit cent fois plus d'habitants qu'un arpent dans les sables de la Pologne ou de la Russie. L'homme porte avec lui la fertilité ; partout où il paraît, l'herbe pousse, le grain germe.... Si donc on pouvait imaginer un jour où toutes les parties du globe seraient habitées, l'homme obtiendrait de la même surface dix fois, cent fois, mille fois plus qu'il n'en recueille aujourd'hui. De quoi, en effet, peut-on désespérer, quand on le voit créer de la terre végétale sur les sables de la Hollande ? Et, s'il en était réduit au défaut d'espace, les sables du Sahara, du désert d'Arabie, se couvriraient de la fécondité qui le suit partout. Il disposerait en terrain les flancs de l'Atlas, de l'Himalaya, des Cordillères, et vous verriez la culture s'élever jusqu'aux cimes les plus écartées du globe, et ne s'arrêter qu'à ces

(1) M. P. Leroy-Beaulieu. Essai sur la répartition des richesses. Introduction.

hauteurs où toute végétation cesse. Et fallût-il enfin ne plus s'étendre, il vivrait sur le même terrain, en augmentant toujours sa fécondité (1). »

En somme, tant que la limite où commence l'excès n'a pas été atteinte, l'augmentation de la population reste une chose bienfaisante. Ce qui est désirable, c'est que la population s'accroisse régulièrement, et que son accroissement soit toujours parallèle au développement des forces économiques du pays.

La population de la France (37,000,000 hab.) se partage en cinq groupes professionnels principaux, ainsi qu'il suit :

| | |
|---|---:|
| Industrie agricole. . . . . . . . | 19,000,000 hab. |
| Industries manufacturière, extractive et des transports. . . . . . | 10,000,000 |
| Industrie commerciale. . . . . . | 4,000,000 |
| Professions libérales. . . . . . . | 2,000,000 |
| Rentiers et retraités. . . . . . . | 2,000,000 |
| | 37,000,000 hab. |

« Le fait capital dans l'histoire moderne de la France est l'accroissement naturel de sa population depuis le commencement du siècle. Lors de la Révolution, le nombre des habitants était inférieur d'un tiers à ce qu'il est aujourd'hui, et leur vie moyenne était plus courte que celle de leurs descendants actuels... Mais si la population de la France s'est accrue, le taux d'accroissement a été bien moindre que celui de plusieurs autres pays d'Europe, l'Italie, l'Angleterre, l'Allemagne, la Russie... Cependant, il faut tenir compte de ce fait important, que si la France croit moins rapidement en population que les autres pays de civilisation européenne, le nombre des hommes valides y est proportionnellement plus considérable... Pris en masse, les Fran-

---

(1) A. Thiers. De la propriété. Livre I.

çais sont le plus sédentaire des peuples ; ils n'aiment point à émigrer. Quoiqu'ils sachent s'accommoder plus facilement que d'autres aux mœurs étrangères et même, ainsi que le prouvent les « trappeurs » canadiens, supporter gaiement toutes les misères de la vie du sauvage, néanmoins, ceux qui, poussés par l'amour des aventures ou par le désir d'améliorer leur sort, s'éloignent de la patrie, ne forment pas la deux-millième partie de la population... En France, comme dans les autres contrées industrielles, la population ne cesse de se déplacer des campagnes vers les cités : le mouvement d'émigration à l'intérieur est devenu le phénomène normal.... En certaines parties de la France, les campagnes et les petites villes ont perdu, depuis une génération, un cinquième, même un quart de leurs habitants, tandis que des villes industrielles considérables ont surgi, que les grands ports de commerce et Paris s'agrandissent constamment de quartiers, trop étroits pour les nouveaux venus qui s'y pressent... Ainsi, le dépeuplement des campagnes au profit des grandes villes, ou bien, en d'autres termes, la diminution des travailleurs de la terre et l'accroissement correspondant des artisans, des ouvriers, des gens de commerce, aura bientôt changé complétement la distribution des habitants ; déjà, dans sept départements, le nombre des citadins dépasse celui des campagnards. Nul doute que, dans un avenir prochain, la France, comme l'Angleterre, n'ait dans les villes la majorité de ses citoyens (1). »

_____

(1) M. Elisée Reclus, Nouvelle Géographie universelle, tome II, pages 849 et suivantes.

## CHAPITRE XIV.

### *De la rétribution des services non industriels, publics ou privés.*

On ne range pas, parmi les agents de la production de la richesse, le médecin, l'avocat, le professeur, les fonctionnaires publics, civils ou militaires, parce qu'ils ne concourent pas directement à l'œuvre de la production. De même, ces diverses personnes ne sont pas comprises dans la répartition de la richesse, parce qu'elles ne prennent pas part directement à la distribution. Mais, comme elles concourent, d'une manière indirecte, à la production, au moyen des services qu'elles rendent, elles prennent part, d'une manière indirecte, à la distribution.

Le revenu, avons-nous dit, se divise en quatre branches : 1° le *fermage* ou *loyer* (revenu des propriétaires fonciers), 2° l'*intérêt* (revenu des capitalistes), 3° le *salaire* (revenu des ouvriers), 4° le *profit* (revenu des entrepreneurs d'industrie). Ces quatre branches du revenu peuvent être comparées à des canaux, dans lesquels viennent puiser tous ceux qui rendent des services *non industriels* et qui ne concourent qu'indirectement à la production de la richesse.

On distingue les services (non industriels) *privés* et les services (non industriels) *publics.* Il est loisible à chacun d'apprécier l'utilité, de discuter la valeur des services privés qui lui sont rendus. Au contraire, les services publics, étant organisés dans l'intérêt général et consistant à maintenir l'ordre et la paix, à protéger les personnes et les propriétés, leur utilité, leur valeur, leur rétribution ne sont et ne peuvent être laissées à l'appréciation individuelle des membres de la société. L'Etat rétribue donc directement les fonctionnaires ou agents chargés des services publics ; et il les rétribue au moyen d'un prélèvement opéré sur les revenus des particuliers ; il impose à chaque individu une contribution ; cette contribution est ce qu'on appelle l'*impôt*.

Les services rendus au nom de l'Etat sont productifs au plus haut degré, en ce sens qu'ils assurent l'ordre, la paix, la sécurité, sans lesquels l'activité économique et industrielle ne pourrait se développer. Il est donc naturel de considérer les services publics comme une des charges de la production, au même titre que tous les autres. En prélevant, sur l'ensemble du revenu social, une part plus ou moins considérable pour rétribuer les fonctionnaires ou agents chargés des services publics, l'Etat intervient dans la répartition de la richesse ; et son intervention, ainsi définie, est parfaitement légitime.

La rétribution des services privés, de tout genre, est soumise à la loi économique de l'offre et de la demande. C'est la concurrence qui, en général, détermine le prix des service rendus par le médecin, l'avocat, le professeur, l'homme de lettres, l'artiste, etc... Cependant, il arrive parfois qu'un talent exceptionnel, une habileté rare créent, au profit de ceux qui les possèdent, une sorte de monopole naturel, éloignant toute concurrence et assurant une rémunération extraordinaire.

Remarquons enfin qu'il n'y a pas parfaite égalité morale entre toutes les professions. On doit, à cet égard, faire certaines distinctions que le bon sens et l'équité indiquent.

« Le travail est honorable sous toutes les formes : l'est-il exactement au même degré? Les tâches qui exigent une grande intelligence, celles qui impliquent désintéressement et dévouement, ne se placeront-elles pas dans la considération des hommes plus haut que le travail purement musculaire ou que les occupations ayant le lucre pour objet unique? Assurément... Le magistrat n'est pas un producteur d'arrêts, le prêtre un producteur de prières, le littérateur ou le poëte un producteur de livres. Si tous les hommes sont égaux, leurs actes ne le sont pas; on ne saurait mettre tous les services sur la même ligne et passer le niveau de l'égalité sur toutes les professions (1). »

_____

(1) M. H. Baudrillart, Un jurisconsulte économiste (*Revue des Deux-Mondes* du 15 août 1880).

## Chapitre XV.

### *Théorie de l'impôt.*

L'Etat est compris dans la répartition de la richesse, puisque, pour subvenir aux dépenses que nécessite la satisfaction des besoins publics, il prélève sur les revenus des membres de la société une part plus ou moins considérable. Cette part attribuée à l'Etat constitue son revenu.

« Les revenus de l'Etat sont une portion que chaque citoyen donne de son bien pour avoir la sûreté de l'autre, ou pour en jouir agréablement. Pour bien fixer ces revenus, il faut avoir égard et aux nécessités de l'Etat, et aux nécessités des citoyens. Il ne faut point prendre au peuple sur ses besoins réels, pour des besoins de l'Etat imaginaires.... Il n'y a rien que la sagesse et la prudence doivent plus régler que cette portion qu'on ôte et cette portion qu'on laisse aux sujets. Ce n'est point à ce que le peuple peut donner qu'il faut mesurer les revenus publics, mais à ce qu'il doit donner ; et si on les mesure à ce qu'il peut donner, il faut que ce soit, du moins, à ce qu'il peut toujours donner (1). »

---

(1) Montesquieu; Esprit des lois. Livre XIII, chapitre I.

L'État est chargé de maintenir l'ordre social et la paix publique, de veiller à la sécurité des personnes et des propriétés. Pour remplir sa haute mission, il est obligé de pourvoir à certaines dépenses, et notamment de donner une rétribution convenable aux fonctionnaires et agents chargés des services publics. Pour subvenir à ces dépenses, il prélève annuellement sur l'ensemble des revenus privés une somme plus ou moins importante. Cette somme, qui doit être répartie entre les contribuables, s'appelle *impôt* ou *contribution*. Nul ne peut se soustraire à l'impôt, une fois qu'il a été consenti et fixé par les pouvoirs publics, conformément aux lois constitutionnelles.

L'impôt est le prix payé à l'Etat pour les services qu'il rend au corps social. L'État ne faisant, en réalité, rien autre chose que vendre et acheter des services, les économistes voient dans la théorie de l'impôt un véritable échange de services. « Au fond, les éléments primordiaux de l'économie sociale ne sont pas nécessairement altérés par cette forme particulière de l'échange, surtout quand le consentement de toutes les parties est supposé. C'est toujours transmission d'efforts, transmission de services. Les fonctionnaires travaillent pour satisfaire les besoins des contribuables ; les contribuables travaillent pour satisfaire les besoins des fonctionnaires... (1) » Au reste, le même individu peut, comme contribuable, payer un impôt à l'État et en recevoir un traitement, un salaire, comme fonctionnaire public.

« La première question, dit M. H. Baudrillart, est de savoir où est la justice en matière d'impôt ; car la justice est le but en cette matière, autant et plus peut-être qu'en aucune autre, vers lequel les peuples veulent qu'on ait toujours les yeux fixés, l'impôt étant d'abord une charge, souvent très pénible à supporter, avant de se résoudre en

---

(1) F. Bastiat. Harmonies économiques.

a vantages, avantages douteux parfois et d'une difficile appréciation dans un grand nombre de cas. Or la justice est-elle ici dans la fixité, dans la proportionnalité ou dans la progression?... L'impôt fixe serait celui qui serait le même pour tous les membres d'un même Etat indistinctement. Nous ne nous arrêterons pas sur ce qu'un pareil impôt aurait de peu équitable, outre cet inconvénient qu'il faudrait en mettre le chiffre beaucoup plus bas que ne le comportent les besoins de l'Etat le plus économe, afin que tous pussent s'en acquitter. Si l'Etat, dans une même journée, protége le travail et la propriété de tous, ce travail et cette propriété sont loin d'avoir la même valeur. L'Etat n'épargne donc pas à tous la même perte. A l'un il épargne une perte égale à 2; à celui-ci une perte égale à 20; à cet autre, une perte égale à 100. Faire payer autant à l'un qu'à l'autre, ce serait une absurdité. Il faut que la rémunération soit proportionnée au service reçu... On a eu raison de comparer l'impôt à l'assurance. Le principe, comme dans une compagnie d'assurance contre l'incendie, le principe naturel et juste est de payer le risque en proportion de la valeur garantie, et quelle que soit la nature de cette valeur. Tel est le principe qu'a adopté la Révolution française. Avant 1789, le fait le plus saillant du système des impôts, c'était l'inégalité. Il y avait des classes entières qui étaient exemptes de contributions. Ainsi, en France, la noblesse ne payait pas d'impôt. Elle croyait acquitter sa dette par le service militaire, bien qu'elle exclût la roture de tous les grades, et qu'elle ne la dispensât pas de service dans les rangs inférieurs. De même, on payait l'impôt au clergé, qui, lui, n'en payait pas à l'Etat. Cependant, quelques personnes prétendent que, si la proportionnalité satisfait mieux à la justice que l'inégalité qui régnait autrefois, elle n'y satisfait pas suffisamment. Plusieurs publicistes et même des économistes réputés ont pris parti pour l'impôt progressif. Dans ce système on demanderait, par exemple, zéro à un revenu de cent francs, un pour cent à un revenu de deux cents francs, deux pour cent à un revenu de trois cents francs, et ainsi de suite progressivement. Les partisans de cette opinion se fondent sur ce que les uns, ayant beaucoup, peuvent supporter beaucoup plus que ne le peuvent faire ceux qui ont peu, et sur ce qu'en prenant plus au riche, on pourra prendre moins au pauvre pour qui le paiement de l'impôt est une lourde gêne... Les écrivains, qui soutiennent l'impôt progressif, établissent législativement des catégories de riches et de pauvres ; ils font l'Etat juge du superflu et du nécessaire ; ils se placent non plus seulement sur le terrain de la justice, mais sur celui de la charité légale, et rétablissent, sous forme d'immunités pour les uns et de surcharge pour les autres, une véritable taxe des pauvres... L'équité véritable, nous le répétons, c'est le paiement proportionnel au risque couru, à la quantité de biens garantis. En soumettant l'impôt progressif à l'épreuve de l'utilité économique, on en découvre mieux encore les vices fondamentaux. C'est une taxe dont on n'aperçoit pas les bornes et qui met la fortune publique à la discrétion du législateur... L'impôt doit donc être proportionnel ; tel est, en matière de taxation, le véritable idéal. Mais il ne faut pas s'y tromper, il n'est pas aisé d'y atteindre (1). »

Passons en revue les principes sur lesquels repose tout système équitable et rationnel en matière d'impôts.

I. Tous les contribuables sont égaux devant l'impôt. Pas de priviléges en pareille matière !

II. L'égalité devant l'impôt se traduit par la proportionnalité au revenu. Chacun doit contribuer proportionnément à ses facultés, c'est-à-dire à son revenu.

---

(1) M. H. Baudrillart. Manuel d'Économie politique, 5e partie, chap. III.

III. L'Etat ne peut demander annuellement à chaque contribuable qu'une fraction de son revenu annuel. L'impôt, charge annuelle, doit être prélevé exclusivement sur le revenu ; s'il était prélevé sur le capital, il atteindrait la richesse publique dans sa source.

IV. L'impôt doit être *modéré*. « Le meilleur de tous les plans de finance, a dit J.-B. Say, est de dépenser peu ; et le meilleur de tous les impôts est le plus petit. » (Il convient de n'admettre qu'avec certaines réserves cette observation du savant économiste).

V. L'impôt doit être payable en argent, afin que le mode de paiement soit le même pour tous, et être perçu aux époques les moins incommodes pour les contribuables.

VI. L'impôt doit, suivant Adam Smith, être établi et perçu de manière qu'il fasse sortir des mains du contribuable le moins d'argent possible au delà de ce qui entre dans les caisses de l'Etat, et de manière que cet argent reste, le moins longtemps possible, hors des mains du contribuable avant d'entrer dans les caisses de l'Etat.

VII. L'impôt, avons-nous dit, est prélevé sur le revenu. Or, ce prélèvement peut être opéré de deux manières. On peut évaluer le revenu de chaque contribuable, sans s'occuper des différentes sources de ce revenu, et décider, par exemple, que chaque contribuable paiera, à titre d'impôt, le douzième de son revenu. Ainsi ceux qui ont 120 fr., 600 fr., 1200 fr., 6000 fr., 12,000 fr. de revenu, paieront 10 fr., 50 fr., 100 fr., 500 fr., 1000 fr. d'impôts. On peut aussi rechercher les différentes sources du revenu et dire : tel contribuable a un jardin qui donne un revenu net de 120 fr. et une maison qui donne un revenu net de 600 fr.; tel autre contribuable a un champ qui donne un revenu net de 300 fr. et une maison dont le produit net est de 900 fr.; tel autre enfin a un domaine qui donne un revenu net de 4000 fr. et une maison dont le produit net est de 2000 fr.; le premier sera imposé pour 60 fr., le second pour 100 fr., le troisième pour 500 fr. Pour atteindre le revenu et asseoir l'impôt, il est, à la fois, plus sûr et plus commode de s'attacher aux différentes sources du revenu, aux faits matériels, aux circonstances qui révèlent ou font présumer l'existence d'un revenu plus ou moins considérable (la propriété d'un champ, d'une maison, d'un domaine, le loyer d'un appartement, les bénéfices réalisés dans le commerce et dans l'industrie, etc...)

VIII. L'Etat rencontre encore une matière imposable dans certains actes de nature à faire présumer l'existence d'une richesse qu'on ne peut atteindre directement, mais qui n'en doit pas moins être imposée. Cette richesse se manifeste par l'activité économique, qui donne naissance aux diverses transactions en matière civile et commerciale, aux contrats translatifs de propriété ou d'usufruit, aux baux à ferme ou à loyer, aux contestations devant les tribunaux, à des faits innombrables de circulation et de consommation.

Le système d'impôts, dont nous venons d'indiquer les traits essentiels, est précisément celui qui a prévalu en France.

Les impôts (ou contributions) sont *directs* ou *indirects*. Les contributions *directes* sont celles que l'Etat demande directement à tels et tels contribuables, et qui sont perçues périodiquement à l'aide d'un rôle nominatif des contribuables, préparé par les agents de l'Administration des finances. Les contributions *indirectes* sont celles que l'Etat ne demande pas directement à la personne du contribuable, et qui sont perçues à l'occasion de faits dont on ne peut prévoir ni le nombre, ni la date, ni l'importance. L'Etat perçoit dans les contributions indirectes à raison de certains faits indicatifs de la richesse, sans s'inquiéter de savoir quel sera le véritable contribuable, celui qui, en définitive, supportera l'impôt.

On distingue quatre contributions *directes* : 1° la contri-

bution *foncière*, assise sur le revenu net de la propriété
bâtie ou non bâtie ; 2° la contribution *personnelle et mobilière*, (la contribution mobilière est perçue à raison de l'importance du loyer); 3° la contribution des *portes et fenêtres*;
4° la contribution des *patentes*, (on a trouvé une matière
imposable dans l'exercice d'une profession lucrative). Certaines taxes, telles que la taxe sur les chevaux et voitures,
sont assimilées aux contributions directes.

La contribution foncière, la plus importante des contributions directes, ne soulève, en principe, aucune objection.
Toutefois, il importe que le chiffre n'en soit pas trop élevé.
Qu'arriverait-il, si la propriété foncière était grevée outre
mesure? La surtaxe serait, au moins en partie, supportée
par les consommateurs. En outre, la diminution des profits,
conséquence inévitable de la surtaxe, découragerait les
entrepreneurs d'industrie agricole. Enfin, les propriétaires
fonciers verraient le capital s'amoindrir et fondre, pour
ainsi dire, entre leurs mains.

On reproche aux impôts indirects de pouvoir augmenter
beaucoup sans que le contribuable s'en aperçoive et de
pousser ainsi les Etats à des dépenses exagérées. « Ce
reproche n'est pas très fondé. Les impôts indirects se sentent
parfaitement lorsqu'ils dépassent la mesure. Et alors il se
produit un double phénomène : ils ne rendent pas en proportion de l'élévation dont ils ont été l'objet, et la consommation se ralentit ou tout au moins reste stationnaire... On
s'aperçoit parfaitement aussi que le droit de mutation sur
les immeubles est trop élevé; il donne lieu à une fraude
considérable, et ne rend pas autant qu'il devrait le faire;
on gagnerait certainement à le diminuer. Par conséquent,
pour les taxes indirectes comme pour les autres, il faut de
la mesure (1). »

---

(1) M. V. Bonnet. Un économiste inédit. (*Revue des Deux-Mondes*
du 15 novembre 1879).

Les contributions indirectes comprennent les droits sur les boissons, sur le sel, sur le sucre indigène, sur les voitures publiques, sur les cartes à jouer, sur la vente des poudres et salpêtres, sur la vente des tabacs, sur le papier, sur les vinaigres et l'acide acétique, sur les bougies et l'acide stéarique, etc.

Le recouvrement des impôts est confié à quatre grandes administrations financières : l'administration des contributions directes, celle des contributions indirectes, celle de l'enregistrement, des domaines et du timbre, et celle des douanes.

L'administration de l'enregistrement, des domaines et du timbre, est chargée de percevoir les droits d'enregistrement, d'hypothèque et de transcription, de greffe, de timbre, et les droits sur les valeurs mobilières. Les droits d'enregistrement sont perçus à l'occasion de la relation sur des registres publics de certains actes translatifs de propriété ou de jouissance. Le droit sur les valeurs mobilières est une taxe annuelle 1º sur les intérêts ou dividendes des actions de sociétés, compagnies ou entreprises quelconques, financières, industrielles, commerciales ou civiles ; 2º sur les arrérages et intérêts annuels des emprunts et obligations des départements ou des communes, ainsi que des sociétés, compagnies et entreprises ci-dessus désignées ; 3º sur les parts d'intérêts dans les sociétés en commandite dont le capital n'est pas divisé en actions, (la taxe n'est assise que sur le montant de la commandite). Remarquez que l'impôt sur les valeurs mobilières n'atteint ni les capitaux engagés dans les entreprises individuelles, ni ceux engagés dans les sociétés en nom collectif.

Les droits de douanes sont perçus aux frontières, à l'occasion de l'importation, de l'exportation et du transit des marchandises ; ils peuvent être ou *fiscaux*, c'est-à-dire établis en vue d'assurer un revenu à l'Etat, ou *protecteurs*, c'est-à-dire établis en vue de protéger l'industrie nationale contre la concurrence étrangère. Les droits à l'importation sur les produits manufacturés sont, le plus souvent, des droits protecteurs. Les droits à l'importation sur les produits naturels du sol sont fiscaux, lorsque le produit taxé n'a pas de similaire dans le pays ; ils sont protecteurs dans le cas contraire. Les économistes sont unanimes pour condamner : 1º les droits à l'importation sur les matières premières de l'industrie et sur les produits alimentaires de première nécessité ; 2º les droits à l'exportation, dont le résultat est de grever l'industrie nationale de frais qui peuvent l'empêcher de lutter, sur les marchés extérieurs, avec l'industrie étrangère ; 3º le droit de transit sur les marchandises étrangères qui ne font que traverser le territoire français, droit préjudiciable à l'industrie des transports.

Notre système d'impôts n'est pas parfait. Chaque jour, on signale des améliorations, des réformes que la raison et l'équité semblent réclamer impérieusement. Mais, en pareille matière, les résultats de l'expérience sont rarement d'accord avec les brillantes promesses de la théorie. Lorsqu'on veut tenter de réaliser ces réformes, ces améliorations, les difficultés surgissent, les obstacles s'accumulent. On ne tarde pas à s'apercevoir que, quand il s'agit des contributions publiques, toute innovation a ses dangers.

Quoi qu'il en soit, « par une loi des plus sages et des plus rassurantes de la Providence, de quelque façon que s'y prenne le Gouvernement, le riche est, après tout, le plus soumis à l'impôt (1). »

---

(1) A. Thiers. De la propriété.

## SUPPLÉMENT AU CHAPITRE V.

### *Du taux de l'intérêt foncier.*

Les observations que nous avons présentées, en ce qui concerne le taux de l'intérêt foncier, demandent un éclaircissement. Nous disons que, si l'on considère une série d'hectares de terre de qualités différentes et ayant coûté 8,000 fr., 4,000 fr., 2,000 fr., 1,000 fr., l'hectare de qualité supérieure donnera *plus de produit* que celui de qualité inférieure, mais *moins de revenu*, relativement au prix d'achat. Le taux de l'intérêt foncier ira en augmentant : il sera de 2 1/2 pour 100, pour l'hectare de première qualité, — de 3 pour 100, pour celui de deuxième qualité, — de 3 1/2 pour 100, pour celui de troisième qualité, — de 4 pour 100, pour celui de dernière qualité.

L'hectare de 8,000 fr. pourra être affermé. . . 200 fr.

Celui de 4,000 fr. . . . . . . . . . . 120

Celui de 2,000 fr. . . . . . . . . . . 70

Celui de 1,000 fr. . . . . . . . . . . 40

Supposons que quatre capitalistes emploient chacun une somme de 8,000 fr. en acquisitions de ces terrains de qualités différentes : le premier, avec son capital de 8,000 fr., achètera 1 hectare de la première qualité ; le second, avec une somme égale, achètera 2 hectares de la deuxième qualité ; le troisième et le quatrième, en déboursant chacun pareille somme de 8,000 fr., auront, l'un, 4 hectares de la troisième qualité, l'autre, 8 hectares de la dernière qualité.

Le premier capitaliste pourra recevoir un fermage de 200 fr. (2 1/2 p. 100) ; le second, un fermage de 240 fr. (3 p. 100) ; le troisième, un fermage de 280 fr, (3 1/2 p. 100) ; le quatrième, un fermage de 320 fr. (4 p. 100).

On voit quelle est, par rapport à un capital identique employé en acquisitions d'hectares de terre de qualités différentes, la progression suivie par le taux de l'intérêt foncier.

# LIVRE QUATRIÈME

## De la circulation de la richesse.

### CHAPITRE Ier.

*Notions générales sur la circulation de la richesse. —*
*De l'échange et du mécanisme de l'échange.*

La *circulation* de la richesse consiste dans un transfert de propriété et n'implique pas nécessairement l'idée de déplacement matériel, de locomotion. Ainsi, Paul vend son champ à Jacques : on dit que le champ passe d'une main dans une autre, bien qu'il n'y ait pas transport matériel. La vente de ce champ est un fait de circulation, en ce sens que la chose vendue change de propriétaire. La translation de propriété peut s'opérer à titre gratuit, c'est-à-dire par succession, donation entre-vifs ou testament ; mais l'activité industrielle et les rapports économiques sont, en général, fondés sur des translations de propriété qui s'opèrent à titre onéreux, c'est-à-dire dans lesquelles chacune des parties reçoit un équivalent de ce qu'elle donne.

La circulation de la richesse n'est donc rien autre chose que l'*échange*.

*L'échange* est un grand phénomène économique auquel se rattachent toutes les questions relatives à la valeur, au prix, à la monnaie métallique, au crédit, à la monnaie fiduciaire, aux banques et à la liberté commerciale.

C'est au moyen de l'échange que chaque individu parvient à se procurer tous les produits dont il a besoin. Entrez dans la demeure, non d'un homme riche, mais d'un artisan, et jetez un coup d'œil sur les objets qu'elle renferme. Il est évident que cet artisan, quel que soit le métier qu'il exerce, n'a fabriqué aucun des cent objets divers qui composent son mobilier ; il n'a, tout au plus, fourni qu'une partie du travail nécessaire pour en confectionner un ou quelques-uns. Comment a-t-il pu se les procurer tous ? Par l'échange, c'est-à-dire en donnant son travail ou le résultat de son travail en échange des objets dont il a eu besoin. Mais ce n'est pas tout. Lorsque cet artisan sort de sa demeure, il trouve des rues pavées, éclairées pendant la nuit, des églises, des écoles, des musées, des promenades, des fontaines publiques, un bureau de poste, un télégraphe électrique ; il trouve des routes, bien entretenues, qui conduisent aux localités voisines, puis des gares et des lignes de chemins de fer, etc... En un mot, il profite, soit gratuitement, soit moyennant un sacrifice peu important, d'une multitude de choses qui sont le résultat du travail antérieur et du travail actuel d'une quantité innombrable d'individus. Que donne-t-il à la société, en échange de tous les avantages dont il jouit ou dont il peut jouir ? Cet artisan donne simplement son travail personnel, c'est-à-dire se borne à fournir une partie du travail nécessaire pour fabriquer un seul des mille objets divers dont se compose la richesse.

Il est impossible de concevoir une société où l'échange n'existerait pas. Sans l'échange, que deviendrait cet artisan qui ne peut faire, à lui seul, aucun des nombreux objets dont il a besoin ? Sans l'échange, que deviendrait l'homme ?

Toute créature humaine, pour subsister, est obligée d'avoir journellement recours à l'échange. La suppression de l'échange, ce serait la suppression de la division du travail et de tous ces arrangements sociaux et industriels qui ont pour résultat une production abondante ; ce serait l'anéantissement de l'industrie et des arts, le retour à l'état d'isolement économique, le retour à la vie primitive.

L'échange, conséquence nécessaire de la division du travail, nous assure l'abondance des choses utiles et nous procure l'immense variété des produits. Dans le véritable état économique, fondé sur la division du travail et sur l'échange, aucun individu ne se préoccupe de produire directement les objets qui lui sont indispensables. Chacun travaille pour le marché, c'est-à-dire en vue d'échanger, et sait que, sur le marché, on trouve toujours à échanger. En réalité, chaque individu travaille plus pour les autres que pour lui-même ; il ne consomme qu'une très faible partie de la chose qu'il produit ; mais, en revanche, il consomme une portion de ce qui a été produit par des milliers de travailleurs. Chacun de nous travaille pour la société ; et réciproquement la société travaille pour chacun de nous. C'est ainsi que se manifeste la solidarité humaine. « Grâce à la division du travail et à l'échange, l'intérêt individuel, qui est le mobile universel et permanent de nos actions, et qu'il ne faut pas confondre avec l'impitoyable égoïsme, tourne au profit de tous. Les hommes forment ainsi une vaste société d'assurance ou de secours mutuels contre les forces ennemies de la nature. Appliqués chacun à vaincre quelqu'un des obstacles qu'elle oppose à la satisfaction de nos besoins, nous en triomphons d'autant plus facilement. L'intérêt individuel, qui semble d'abord tout ce qu'il y a de plus antisocial, devient le ciment même de la société (1). »

---

(1) M. A. Jourdan. Cours analytique d'Économie politique. Chap. LI.

Tous les contrats, que les hommes font entre eux en vue de la production, de la répartition et de la consommation de la richesse, peuvent être ramenés à l'*échange ;* ces contrats ont, en effet, pour objet des produits ou des services qui sont échangés les uns contre les autres. La vente, le louage (louage des choses et louage d'ouvrage), la société, le prêt à intérêt, ne sont, au fond, que des échanges : par ces divers contrats, les parties se donnent réciproquement, ou s'engagent à se donner une chose pour une autre.

Examinons maintenant les conditions nécessaires au développement de l'échange.

Il faut que l'Etat garantisse la *sécurité publique,* la sécurité des personnes et des propriétés. Il faut que chacun ait la certitude de jouir paisiblement des fruits de son travail et puisse conserver l'espoir de transmettre ce qu'il possède à sa famille.

La *liberté* est une condition essentielle. Tout contrat exige le concours de deux ou plusieurs déclarations de volonté, se manifestant d'un côté par une offre, et de l'autre par son acceptation. Le consentement, nécessaire à la formation d'un contrat, doit donc être réciproquement donné par toutes les parties. Mais il ne suffit pas, pour la validité du contrat, que le consentement réciproque des parties soit à considérer comme existant ; il faut, de plus, qu'il ait été *librement donné.* « Il n'y a point de consentement valable, dit l'article 1109 du Code civil, si le consentement n'a été donné que par erreur, ou s'il a été extorqué par violence ou surpris par dol. » L'échange, qui ne se fait pas librement, n'est qu'une spoliation vis-à-vis de celle des parties à laquelle on l'impose. Un homme doit être libre de mettre à son travail, à ses services, à un produit qu'il a confectionné, le prix qu'il juge convenable. La concurrence d'autres travailleurs ou d'autres producteurs l'obligera à restreindre ses prétentions, si elles sont excessives.

La *facilité des communications et le perfectionnement des moyens de transport* ont pour effet de mettre en présence un grand nombre de producteurs et de consommateurs, et de multiplier, par suite, les occasions d'échange. Il est évident que l'activité des échanges, des relations commerciales, est d'autant plus grande que les communications sont plus faciles et les moyens de transport plus commodes. Sans doute, la circulation des richesses ne suppose pas nécessairement un déplacement matériel, une locomotion. Néanmoins, la plupart du temps, elle exige le transport des choses d'un lieu dans un autre. Il en résulte qu'avec des communications faciles et des moyens de transport perfectionnés, les échanges s'effectuent commodément et sûrement.

Les rapports sociaux et les occasions d'échange sont d'autant plus fréquents que *la population est plus nombreuse et plus agglomérée.* Il est évident que plus la population est nombreuse, plus la production est abondante et variée. Or l'abondance et la variété des produits facilitent les échanges. Réciproquement, la facilité et la multiplicité des échanges ont pour résultat d'activer la production. En effet, plus vite les marchands écoulent les marchandises qu'ils ont dans leurs magasins, plus vite ils en redemandent aux fabricants, aux producteurs. Donc, la production s'accroît, lorsque les échanges se multiplient.

*L'extension de l'industrie commerciale* est une condition favorable au développement des échanges. Le commerçant est un intermédiaire entre le producteur et le consommateur ; sa fonction consiste essentiellement à rendre les échanges faciles et rapides.

Il faut enfin que l'échange s'accomplisse à l'aide d'une *monnaie.* Nous arrivons à ce qu'on nomme la mécanique de l'échange, c'est-à-dire au procédé par lequel l'échange s'opère. Il est certain que le *troc* (échange direct) est un moyen tout-à-fait insuffisant, ou, pour mieux dire, impraticable. Lorsqu'on met en relief les bienfaits de l'échange, on pense, non à l'échange direct ou *troc*, mais à ce mécanisme, ingénieux et simple, qui consiste à décomposer l'échange en deux opérations : une vente et un achat. J'échange le produit dont je veux me défaire, contre une certaine quantité de monnaie : on dit, en ce cas, que je *vends*. J'échange ensuite cette monnaie contre le produit que je veux me procurer : on dit, en ce cas, que j'*achète*.

L'instrument à l'aide duquel s'opère l'échange, la *monnaie*, qu'on reçoit d'une main et qu'on donne de l'autre, ne consiste pas nécessairement dans des pièces d'or, d'argent ou de cuivre Toute marchandise, tout objet pourvu de valeur peut remplir, d'une manière plus ou moins commode, l'office de monnaie.

La monnaie est, à la fois, un *évaluateur* et un *équivalent*. Quand on veut se représenter ou représenter à d'autres la valeur d'un objet, on évalue cet objet en monnaie, c'est-à-dire qu'on exprime la quantité de monnaie, qu'on peut obtenir en échange dudit objet. On dit : telle chose vaut 5 fr., 10 fr., 20 fr. Si maintenant on veut comparer deux choses au point de vue de leur valeur respective, voici comment on procède : on compare séparément chacune de ces choses avec la marchandise-monnaie, c'est-à-dire qu'on évalue chaque chose en monnaie, et l'on compare ensuite, l'une avec l'autre, ces deux évaluations monétaires. On dit, par exemple : un hectolitre de tel vin vaut 100 francs ; un hectolitre tel autre vin vaut 50 francs; la valeur du premier vin est à celle du second comme 100 est à 50, c'est-à-dire que le premier vin vaut deux fois autant que le second.

L'unité des mesures de longueur est le *mètre* ; l'unité des mesures de capacité est le *litre* ou décimètre cube ; l'unité des mesures de poids est le *gramme. L'unité des monnaies ou mesures de valeur est le franc.* Le franc est une pièce d'argent qui pèse 5 grammes.

La monnaie est l'équivalent de toute espèce de marchandises. Supposons qu'un hectolitre de blé vaille 20 francs, qu'un hectolitre de vin vaille 80 francs et qu'un hectolitre d'huile vaille 240 francs. On possède la même valeur, que l'on ait 12 hectolitres de blé, 3 hectolitres de vin, 1 hectolitre d'huile, ou 240 francs. Cette somme de 240 francs est l'*équivalent* de 12 hectolitres de blé, ou de 3 hectolitres de vin, ou d'un hectolitre d'huile.

Dans toute société, parvenue à un certain degré de civilisation, il existe une monnaie, c'est-à-dire une marchandise qui sert à évaluer toutes les autres et qui est acceptée comme équivalent de toutes les autres. Si l'usage de la monnaie était inconnu, les relations commerciales seraient fort compliquées. Voici, en effet, ce qui arriverait fréquemment : une personne ayant un excédant de vin, par exemple, et désirant échanger cet excédant de vin contre du blé, dont elle a besoin, rencontrerait, sans doute, une autre personne disposée à accepter le vin ; mais cette dernière aurait, le plus souvent, toute autre chose que du blé à donner en échange ; et alors le marché ne pourrait se conclure. Il faudrait que la personne, qui veut se défaire de son vin et se procurer du blé, cherchât et trouvât celle qui, à l'inverse, veut se défaire de son blé et se procurer du vin. De là des complications, des mécomptes, des pertes de temps. Grâce à la monnaie, on évite tous ces inconvénients. Dans le monde de l'échange, chaque individu détient une marchandise particulière, produit agricole ou produit manufacturé, blé, vin, huile, drap, cuir, fer, etc... Mais il possède, en outre, une quantité plus ou moins grande de marchandise-monnaie, de cet équivalent que chacun est disposé à recevoir quand il veut vendre, à donner quand il veut acheter.

## CHAPITRE II.

### *Théorie de la valeur.*

Les idées de *valeur* et d'*échange* sont inséparables. Ceux qui veulent conclure un échange se préoccupent, avant tout, de la valeur respective des objets à échanger ; ils *évaluent* ces objets. La *valeur* d'une chose est sa puissance d'acquisition. Une chose a d'autant plus de valeur qu'on peut, en l'échangeant, acquérir une plus grande quantité d'autres choses utiles. Pour qu'une chose ait de la valeur, avons-nous dit, il faut qu'elle soit utile, relativement rare, et susceptible de devenir la propriété exclusive de quelqu'un et d'être échangée. L'*utilité* n'est qu'un des éléments de la valeur, mais elle en est un élément essentiel. Sur le marché, personne ne voudrait offrir ou accepter en échange une chose dépourvue d'utilité et impropre à satisfaire aucun besoin. Lorsqu'on dit que l'utilité est un élément essentiel de la valeur, il s'agit évidemment d'une utilité qu'on ne peut pas obtenir gratuitement, qu'on se procure au moyen d'un effort plus ou moins pénible.

« C'est exclusivement sur les richesses appropriées et existant en quantité limitée que porte l'échange. Or, ces richesses sont les seules auxquelles appartienne le nom de valeur. Toute chose utile, qu'il est plus ou moins difficile de

se procurer et qui peut acheter une certaine quantité de
produits ou de services, est une valeur, c'est-à-dire une
richesse, mais une richesse limitée et qui coûte à acquérir...
L'utilité indique un rapport entre nos besoins et les choses;
la valeur indique, et c'est ce qui la distingue, un rapport
entre les richesses elles-mêmes, qui trouvent à s'échanger
les unes contre les autres. Celles-là valent beaucoup en
échange desquelles on obtient une grande quantité de
richesses. Celles-là valent peu auxquelles n'appartient qu'un
faible pouvoir d'achat. En général, la valeur d'une chose
représente la quantité de travail et de capital que cette
chose a absorbée... Il résulte de ce qui vient d'être dit que
la valeur désigne un rapport d'échange ; elle exprime la
puissance d'acquisition d'un objet par rapport aux autres.
Ainsi, un hectolitre de blé, à l'aide duquel on peut se procurer tant de mètres de telle étoffe, *vaut* ce nombre de
mètres, et ainsi de tout le reste. Indépendamment de l'intervention de la monnaie, qui se borne à faciliter la déter-
mination de ces rapports, ces rapports eux-mêmes subsiste-
raient... La *valeur* n'est donc pas moins distincte du *prix*
que de l'utilité, quoiqu'elle ait l'utilité pour condition indispensable et le prix pour expression monétaire (1). »

Aucun individu ne pouvant produire directement, nous
ne disons pas tout ce qui est indispensable, mais une seule
des choses indispensables, on voit, à côté de millions de
consommateurs, des millions de producteurs ; et comme,
en réalité, la même industrie est exercée par un nombre
considérable d'individus, il s'établit nécessairement une
concurrence entre ceux qui fabriquent le même produit, de
même qu'il s'en établit une entre ceux qui consomment ce

---

(1) M. H. Baudrillart. Manuel d'Économie politique, 3e partie,
chap. II.

même produit. Cette double concurrence a pour effet de maintenir dans de justes limites la valeur des choses.

La valeur est variable, susceptible d'augmenter et de diminuer. De quelle manière la mesure-t-on ? On évalue un objet au moyen d'un autre objet échangeable et pourvu de valeur ; on compare ces deux objets ; et le résultat de cette comparaison est le rapport qui existe entre eux, — rapport exprimé par un nombre. On mesure la longueur, le volume, le poids d'une chose, en les comparant à une certaine longueur appelée mètre, à un certain volume appelé litre, à un certain poids appelé gramme. On mesure de même la valeur d'une chose au moyen d'une autre valeur prise pour terme de comparaison. Tout objet, pourvu de valeur, peut servir à mesurer la valeur d'un autre objet ; mais, de même qu'on a adopté certaines mesures de longueur, de volume et de poids, de même on a adopté une certaine mesure de la valeur. On a décidé qu'une certaine quantité d'une marchandise déterminée servirait à mesurer la valeur de toutes les autres marchandises ; cette marchandise spéciale est la *monnaie* ; le *prix* est l'évaluation d'un objet quelconque faite en monnaie.

. En principe, toute marchandise peut servir de monnaie. Les peuples ont d'abord adopté comme instrument d'échange, comme monnaie, la marchandise qui avait une utilité généralement reconnue et qui était de nature à satisfaire des besoins urgents. Les peaux d'animaux, qui servaient de vêtements, et le bétail ont rempli l'office de monnaie. Mais à mesure que la civilisation s'est développée, on a senti le besoin d'employer une monnaie plus commode, moins volumineuse ; on a adopté, comme monnaie, certains métaux précieux. Nous verrons les avantages que présente la monnaie métallique.

La *valeur* et la *richesse* sont des choses différentes. La valeur indique un rapport, un rapport d'échange ; la richesse est quelque chose d'absolu. La richesse d'un pays peut augmenter sans qu'il y ait augmentation correspondante de la valeur des divers objets qui la composent. Supposons que le blé, le vin, l'huile, la toile, la houille, le fer, etc..., s'échangent entre eux dans des conditions déterminées qui forment leur valeur respective, leur puissance d'acquisition. Si l'approvisionnement de toutes ces marchandises vient, par exemple, à doubler, il y aura évidemment augmentation de la richesse générale ; et cependant la valeur respective de ces diverses marchandises restera la même. Avant l'augmentation de l'approvisionnement, on échangeait, par exemple, 1 hectolitre de vin contre 3 hectolitres de blé ; on échangera maintenant 2 hectolitres de vin contre 6 hectolitres de blé. La valeur du vin est restée la même, relativement à celle du blé ; elle est toujours exprimée par le rapport de 1 à 3. Ce qui est vrai pour le vin et le blé, est vrai pour toutes les autres marchandises. Sans doute, on est plus riche et on peut consommer davantage, puisque les choses propres à satisfaire les besoins de l'homme sont plus abondantes ; mais la puissance d'acquisition, la valeur de chaque marchandise n'a pas varié, le rapport d'échange est demeuré le même. Un rapport ne change pas, quand on multiplie ses deux termes par un même nombre.

Supposons maintenant que l'approvisionnement de toutes les marchandises vienne à diminuer de moitié ; il y aura, en ce cas, diminution de la richesse générale, appauvrissement pour tous ; on consommera moins ; mais la puissance d'acquisition, la valeur de chaque marchandise ne changera pas. Le rapport d'échange restera le même. On donnera maintenant 1/2 hectolitre de vin pour avoir 1 hectolitre 1/2 de blé. Un rapport ne change pas, lorsqu'on divise ses deux termes par un même nombre.

De même qu'il ne faut pas confondre la *valeur* et la *richesse*, de même il ne faut pas confondre la *valeur* et le *prix.* « Une chose a mille valeurs différentes, suivant que vous la comparez avec mille objets divers, que vous l'évaluez en ces objets, c'est-à-dire que vous indiquez sur quel pied elle s'échange avec eux. Mais cette chose n'a qu'un prix, parce que le prix, c'est son évaluation en une marchandise déterminée, la marchandise-monnaie (1). »

La valeur n'étant qu'un rapport d'échange, il est impossible de concevoir une hausse générale ou une baisse générale de toutes les valeurs, car on ne change pas un rapport en multipliant ou en divisant ses deux termes par un même nombre. Au contraire, on peut concevoir une hausse ou une baisse générale de tous les prix. Supposons que, l'approvisionnement général restant le même, la masse de marchandise-monnaie vienne à doubler. En échange d'un hectolitre de blé, on obtenait 20 francs, et, en échange d'un hectolitre de vin, on obtenait 60 fr. Avec la même quantité de blé ou de vin, on obtiendra maintenant 40 fr. ou 120 fr., c'est-à-dire que les prix hausseront. Si, au contraire, l'approvisionnement général restant le même, la masse de marchandise vient à diminuer de moitié, on n'obtiendra plus, en échange d'un hectolitre de blé, que 10 fr., et, en échange d'un hectolitre de vin, que 30 fr., c'est-à-dire que les prix baisseront. L'abondance des métaux précieux a pour conséquences nécessaires la diminution du pouvoir d'achat de la monnaie et la hausse générale des prix. A l'inverse, la rareté des métaux précieux produit une augmentation du pouvoir d'achat de la monnaie, une baisse générale des prix.

Remarquons enfin qu'en adoptant une monnaie d'or ou d'argent, pour commune mesure de la valeur des choses, on ne parvient pas à avoir une mesure invariable comme le mètre, mesure immuable fondée sur des calculs géodésiques,

---

(1) M. A. Jourdan. Cours analytique d'Économie politique. Chapitre LIV.

Quand on évalue une longueur en mètres, cette évaluation est absolue, et on n'a à se préoccuper ni du lieu où la longueur se trouve, ni du temps où l'évaluation a été faite. Mais si, au lieu de longueurs, il est question de valeurs, si, au lieu du *mètre*, unité de longueur, il s'agit du *franc*, unité de valeur, si l'on dit, par exemple : telle chose vaut 20 fr., cette évaluation n'a rien d'absolu. En effet, la valeur de la monnaie est sujette à des oscillations ; elle augmente quand la monnaie est rare, diminue quand la monnaie est abondante ; suivant les temps, les lieux, les circonstances, il faut plus ou moins de monnaie pour acquérir la même quantité de telle ou telle espèce de marchandise.

On ne peut mesurer les valeurs qu'à l'aide d'une autre valeur. Or toute valeur, quelle qu'elle soit, est variable. Donc il est impossible de trouver une mesure absolue de la valeur. Adam Smith voit l'étalon de la valeur dans une journée de travail d'un ouvrier ordinaire. « La division une fois établie dans toutes les branches du travail, dit-il, on est plus ou moins riche, suivant la quantité de travail d'autrui qu'on peut commander ou acheter. Ainsi la valeur d'une denrée quelconque, pour celui qui la possède et qui n'entend pas la consommer lui-même, est égale à la quantité de travail que cette denrée le met en état d'acheter ou de commander. Le travail est donc la mesure réelle de la valeur échangeable de toute marchandise (1). » « Le travail est, en effet, le principe de la valeur, mais il ne saurait en être la mesure rigoureuse... L'erreur de Smith consiste à avoir vu dans le travail une quantité fixe, qui sert de mesure immuable à toutes les valeurs. Cette mesure fixe n'existe pas et ne saurait exister... Ni le travail, inégal en qualité et en intensité chez les individus, et inégalement rétribué

---

(1) Adam Smith. Richesse des nations.

selon le lieu et suivant les temps, ni le blé, dont les frais de production varient par plus d'une cause, ni la monnaie elle-même, dont la valeur augmente par sa rareté et diminue par son abondance, ainsi que par la demande qui en est faite, ne sauraient servir d'étalon fixe aux autres valeurs. Chercher une mesure invariable à la valeur, c'est, comme l'a dit J.-B. Say, se proposer un problème aussi chimérique que la quadrature du cercle (1). »

La monnaie est donc une mesure imparfaite, puisque sa propre valeur est variable; mais cette mesure, bien qu'imparfaite, est suffisante dans la pratique, surtout chez les nations civilisées, où l'état économique a atteint, à peu près, son plein développement. Sur les divers marchés financiers, la valeur de la monnaie tend, en effet, à s'équilibrer, à se niveler.

_____

(1) M. H. Baudrillart. Manuel d'Économie politique, 3e partie, chap. II.

## Chapitre III.

*La valeur, la monnaie, la richesse, considérées au point de
vue de l'individu et au point de vue de la société.*

Lorsqu'il y a augmentation ou diminution proportion-
nelles de l'approvisionnement général, c'est-à-dire de toutes
les choses nécessaires à la satisfaction des besoins de
l'homme, la richesse individuelle et la richesse sociale sont
solidaires : tous se trouvent enrichis ou appauvris, bien que
la valeur des choses n'ait pas varié. Néanmoins, la richesse
individuelle et la richesse sociale ne s'estiment pas de la
même manière ; et il peut y avoir opposition entre l'intérêt
individuel et l'intérêt social.

Supposons que certains produits, le blé, le vin, par
exemple, deviennent très abondants : leur valeur baisse ;
la fortune des détenteurs de ces produits diminue, tandis
que la richesse sociale augmente. Supposons, au contraire,
que ces mêmes produits deviennent rares : leur valeur
hausse ; la fortune de ceux qui les possèdent augmente,
tandis que la richesse sociale diminue.

Nous placerons ici deux observations importantes.

I. L'individu, dans l'estimation de sa fortune, peut ne
tenir compte que des *valeurs* dont il dispose, puisqu'il se
procure, au moyen de l'échange, tous les objets dont il a

besoin ; il est *riche*, lorsqu'il possède une grande quantité de *valeurs*, en échange desquelles il peut obtenir une grande quantité de produits ou de services. Une nation se préoccupe, non des *valeurs*, mais de la *richesse*, c'est-à-dire de l'abondance des choses utiles, de la somme des utilités réelles qu'elle possède. Peu importe à une nation que le blé, le vin, le drap, la laine, le coton, etc., aient respectivement une valeur considérable ; ce qui l'intéresse, c'est de posséder beaucoup de blé, de vin, de drap, de laine, de coton, etc., en un mot, d'avoir en abondance tous les objets de consommation nécessaires ou utiles.

II. L'individu est *riche*, lorsqu'il a une grande quantité de *monnaie* d'or ou d'argent, au moyen de laquelle il peut se procurer une grande quantité de produits ou de services. La *richesse* d'une nation ne dépend pas de la quantité de métaux précieux qu'elle possède. Une nation pourrait avoir de l'or et de l'argent en abondance, et néanmoins être pauvre, c'est-à-dire manquer de la masse des objets de consommation nécessaires à la vie, — objets que les nations étrangères ne sont pas toujours à même de lui fournir.

Au point de vue social, *la monnaie d'or ou d'argent n'est pas la richesse*. C'est là une vérité, dont il est facile de se rendre compte. Considérez deux nations voisines, A et B. La nation A possède, à un moment donné, une provision considérable d'or et d'argent, c'est-à-dire de monnaie, et est à peu près dépourvue d'industrie. La nation B, à l'inverse, a une industrie très prospère et ne possède qu'une très faible quantité d'or et d'argent. La nation A tire presque tout ce qu'elle consomme du pays voisin B, qui est industrieux et commerçant. La monnaie d'or ou d'argent est l'instrument des échanges ; elle sert à faire passer les choses de main en main. Cette monnaie sera, en effet, l'instrument à l'aide duquel la nation A se procurera les divers produits industriels de la nation B. Remarquez que cet or et cet argent, envoyés de A en B, ne reviendront pas ; car, pour qu'ils revinssent, il faudrait que la nation A eût quelque chose à vendre à la nation B ; et nous avons supposé le contraire. Il y aura donc un continuel écoulement d'or et d'argent de la nation A chez la nation B ; et notez que plus on en enverra, plus il faudra en envoyer. Pourquoi ? Parce que la monnaie d'or et d'argent, à mesure qu'elle deviendra abondante en B, y perdra nécessairement de sa puissance d'acquisition, de sa valeur. Il arrivera un moment où, la provision de monnaie de la nation A étant à peu près épuisée, cette nation, dépourvue d'industrie, se trouvera réduite à la pauvreté, au dénûment, tandis que la nation B aura, à la fois, une industrie florissante et une abondante provision d'or et d'argent.

Ce qui constitue la richesse sociale, c'est, avons-nous dit, l'abondance des choses nécessaires ou utiles. Une nation n'est pas riche parce qu'elle a de l'or et de l'argent ; mais elle a de l'or et de l'argent parce qu'elle est riche. La monnaie d'or et d'argent vient d'elle-même trouver les nations riches.

## Chapitre IV

*Des prix. — La loi de l'offre et de la demande.— Les frais de production.*

Dans les contrats qu'ils font entre eux, les hommes considèrent et discutent, non la *valeur*, mais le *prix* des choses ; et s'ils emploient le mot « valeur », ils entendent par là la valeur en monnaie, c'est-à-dire le prix. La monnaie est comme un instrument qui indique tout de suite la puissance d'acquisition, la valeur des choses, au moyen d'un chiffre qui est le prix. En comparant les prix des diverses marchandises, on connaît, on apprécie la valeur de chacune d'elles.

Quelles sont les lois qui président à la fixation et aux variations des prix ?

Nous nous trouvons d'abord en présence de la grande loi économique de l'offre et de la demande, qui se formule ainsi : *les prix sont en raison directe de la demande, et en raison inverse de l'offre.* Le prix d'une chose augmente, lorsqu'elle est très demandée et relativement peu offerte ; il baisse, au contraire, lorsque cette chose est très offerte et relativement peu demandée. En d'autres termes, le prix d'une chose s'élève lorsqu'elle est plus demandée qu'offerte, s'abaisse lorsqu'elle est plus offerte que demandée.

La demande est déterminée par le besoin ou le désir qu'on éprouve d'acquérir un produit, d'obtenir un service ; elle est limitée par les ressources pécuniaires de chacun. La demande, qui émane de personnes suffisamment solvables, influe seule sur le marché et seule amène une hausse des prix. Un individu peut désirer ardemment une chose, en avoir besoin ; s'il n'a pas le moyen de la payer, s'il n'est pas solvable, il ne compte pas parmi ceux qui la demandent et ne contribue pas à en faire hausser le prix. L'offre, en général, se compose de tout ce qui est produit par chacun au-delà de ses besoins personnels, — excédant destiné à être porté sur le marché et vendu.

Dans un pays, toutes les marchandises sont vendues et achetées, au bout d'un certain temps, par une certaine catégorie de personnes. Vendeurs et acheteurs se rencontrent sur le marché, discutent les prix et finissent par s'entendre. Il s'établit ainsi un *prix du marché* ou *prix courant*. Ce prix courant est, du reste, sujet à des fluctuations : un jour de foire, à la halle, par exemple, le prix courant de tel ou tel produit n'est pas le même à midi que le matin, à quatre heures du soir qu'à midi.

L'offre et la demande déterminent, en général, le prix ; mais le prix, à son tour, réagit sur l'offre et sur la demande. Si les acheteurs s'obstinaient à ne vouloir donner qu'un certain prix de telles ou telles marchandises, il pourrait arriver que l'offre cessât tout-à-fait. Si les vendeurs diminuaient subitement le prix de certaines marchandises, peu ou point demandées, il pourrait se faire que la demande devînt abondante.

En arrivant sur le marché, le vendeur (ou producteur) et l'acheteur (ou consommateur) se placent chacun au point de vue de son intérêt personnel. Le premier désire faire payer le plus possible, tandis que le second désire payer le moins possible. L'attitude et les dispositions de l'acheteur dépendent de ses ressources pécuniaires, de la nature et de l'intensité du besoin ; ces éléments combinés déterminent le maximum qu'il ne peut dépasser. L'attitude et les prétentions du vendeur dépendent d'une circonstance qui détermine le minimum au-dessous duquel il ne peut descendre. Cette circonstance est le *coût de production* de la marchandise, ce qu'on nomme le *prix de revient*. Les éléments du prix de revient sont : 1º à l'égard du producteur, l'intérêt des capitaux, le prix d'achat des matières premières, les salaires des ouvriers, un profit pour lui-même; 2º à l'égard du commerçant, le prix d'achat des marchandises, auquel il faut ajouter une somme pour intérêt des capitaux, salaires et profit. Les *frais de production* sont donc les frais de tous genres qu'un produit quelconque coûte avant d'être amené sur le marché. Il est évident qu'aucun producteur ne persistera à apporter sur le marché une marchandise, dont le prix courant serait inférieur au coût de production, au prix de revient, c'est-à-dire dont le prix courant ne couvrirait pas les frais de production.

De ces deux principes régulateurs des prix, le rapport de l'offre et de la demande, d'une part, et le coût de production, d'autre part, quel est celui qui doit l'emporter ? On ne peut répondre d'une façon absolue. Il est certain que, les produits étant apportés sur le marché, le prix en sera déterminé par le rapport de l'offre et de la demande. Le producteur prétendra, en vain, que les prix offerts ne couvrent pas les frais de production ; le consommateur ignore et n'est pas tenu de calculer le montant de ces frais, — frais qui, d'ailleurs, ne sont pas les mêmes pour tous les producteurs. A ce premier point de vue, le prix du marché est un fait inéluctable. Mais il n'en est pas moins vrai que les marchandises ne seront pas portées sur le marché, si le producteur ne retrouve pas, dans le prix de vente, tous ses frais de production (plus un certain profit). A ce second point de vue, les prix sont réglés par le coût de production.

Le prix du marché ou prix courant, si capricieux dans ses variations, tend sans cesse à se rapprocher du prix de revient. Le prix de revient est, pour ainsi dire, le niveau vers lequel tendent les prix, sans jamais l'atteindre complétement.

Ce que nous venons de dire, au sujet des lois économiques qui président à la formation et aux oscillations des prix, suppose l'action de la concurrence. Or, certaines personnes peu clairvoyantes déplorent les effets de la concurrence. Sans doute, la concurrence entre acheteurs élève les prix ; mais la concurrence entre vendeurs agit en sens inverse et les fait baisser ; et cette double concurrence, dont tout le monde profite, est le résultat du libre déploiement des forces économiques. « La suppression de la concurrence ne se conçoit que dans l'un de ces deux états : isolement économique ou communisme, dans lesquels il n'y a ni échange, ni vente, ni valeur, ni prix. Mais, en dehors de cela, que peut-on mettre à la place des lois régulatrices des prix ?... L'association ne saurait supprimer la concurrence. Reste donc la réglementation, la fixation des prix par l'autorité. Que l'Etat fixe les prix lorsque, par la concession d'un monopole, il a supprimé la concurrence, cela se comprend : de là les tarifs de chemins de fer... Nos lois économiques ne sont plus en cause non plus, lorsque l'Etat établit un monopole à son profit dans le but avoué et légitime de percevoir un impôt. Mais que, en dehors de ces cas, l'Etat intervienne entre le vendeur et l'acheteur, pour dire à l'un ou à l'autre qu'il demande ou offre plus ou moins que le juste prix, cette tutelle incessante de l'Etat est inadmissible (1). »

_____

(1) M. A. Jourdan. Cours analytique d'Économie politique. Chapitre LVI.

Ce serait s'engager dans une voie périlleuse que de chercher, sous prétexte d'équité, à faire violence aux lois d'ordre
économique qui président à la formation des prix, à ces lois
qui sont *les rapports nécessaires dérivant de la nature des
choses*. La concurrence, c'est la liberté sur le terrain de
l'échange ; et la liberté, c'est-à-dire le libre jeu de l'activité
humaine, est la source de toute prospérité économique.

## Chapitre V.

### *La monnaie métallique. — L'or et l'argent.*

« Les peuples, qui ont peu de marchandises pour le commerce, comme les sauvages, et les peuples policés, qui n'en ont que de deux ou trois espèces, négocient par échange... Mais, lorsqu'un peuple trafique sur un très grand nombre de marchandises, il faut nécessairement une monnaie, parce qu'un métal facile à transporter épargne bien des frais que l'on serait obligé de faire si l'on procédait toujours par échange... La monnaie est un signe qui représente la valeur de toutes les marchandises. On prend quelque métal pour que le signe soit durable, qu'il se consomme peu par l'usage, et que, sans se détruire, il soit capable de beaucoup de divisions. On choisit un métal précieux, pour que le signe puisse aisément se transporter. Un métal est très propre à être une commune mesure, parce qu'on peut aisément le réduire au même titre. Chaque État y met son empreinte, afin que la forme réponde du titre et du poids, et que l'on connaisse l'un et l'autre par la seule inspection... Soyez seul, et arrivez par quelque accident chez un peuple inconnu : si vous voyez une pièce de monnaie, comptez que vous êtes arrivé chez une nation policée. La culture des terres demande l'usage de la monnaie. Cette culture suppose beaucoup d'arts et de connaissances, et l'on voit toujours marcher d'un pas égal les arts, les connaissances et les besoins. Tout cela conduit à l'établissement d'un signe de valeurs (1). »

A mesure que le commerce est devenu plus actif et que le cercle des relations commerciales s'est agrandi, lorsqu'on a été obligé d'effectuer des paiements considérables, entre des pays éloignés les uns des autres, on a senti la nécessité d'employer comme monnaie des objets possédant, sous un petit volume, une grande valeur. On a trouvé dans les métaux précieux les qualités que doit avoir une marchandise pour remplir convenablement l'office de monnaie. L'or et l'argent, qui constituent aujourd'hui la marchandise-monnaie, sont des métaux brillants, sonores, résistants, ductiles, (c'est-à-dire pouvant être battus, allongés, sans se rompre); ils sont rares et difficiles à acquérir, ce qui contribue à augmenter leur valeur échangeable. Doués à la fois d'un poids spécifique considérable et d'une grande valeur, l'or et l'argent tiennent relativement peu de place comme monnaie et peuvent être aisément transportés. Un décimètre cube d'or, qui est une masse bien peu volumineuse et qui pèse 19 kilogrammes, 250 grammes, fournit la matière de 66,320 fr. en pièces de 20 fr.; un mètre cube du même métal fournit la matière de 66,320,000 fr. en pièces de 20 fr. Un kilogramme d'or suffit pour acheter plus de 20,000 kilogrammes de froment; 100 grammes d'or suffisent pour payer un bœuf, qui pèse 400,000 grammes. Les métaux précieux possèdent donc une grande valeur comparative sous un petit volume.

« L'or, dit Christophe Colomb, est une chose excellente. Avec de l'or, on forme des trésors. Avec de l'or, on fait tout

_____

(1) Montesquieu. Esprit des lois. Livre XXII, chap. I et II. Livre XVIII, chap. XV.

ce qu'on désire en ce monde... L'époque de Philippe le Bel, ajoute Michelet, doit être considérée comme l'avénement de l'or... Gardons-nous de dire du mal de l'or. Comparé à la propriété féodale, à la terre, l'or est une forme supérieure de la richesse. Petite chose, mobile, échangeable, divisible, facile à manier, facile à cacher, c'est la richesse subtilisée déjà, j'allais dire spiritualisée. Tant que la richesse fut immobile, l'homme, rattaché par elle à la terre et comme enraciné, n'avait guère plus de locomotion que la glèbe sur laquelle il rampait. Le propriétaire était une dépendance du sol ; la terre emportait l'homme. Aujourd'hui, c'est tout le contraire : il enlève la terre, concentrée et résumée par l'or. Le docile métal sert toute transaction ; il suit, facile et fluide, toute circulation commerciale, administrative. Le gouvernement, obligé d'agir au loin, rapidement, de mille manières, a pour principal moyen d'action les métaux précieux (1). »

Au point de vue du monnayage, l'or et l'argent ont, comparativement à d'autres objets précieux, tels que les diamants et les perles, l'avantage de pouvoir être divisés. Lorsqu'on les divise, les différentes fractions sont absolument similaires et conservent une valeur exactement proportionnelle ; il est impossible, au contraire, de diviser un diamant ou une perle sans en détruire la valeur. Enfin l'or et l'argent sont susceptibles de recevoir, facilement et à peu de frais, une empreinte qui indique et atteste le degré de fin et le poids de telle ou telle pièce de monnaie. Rareté naturelle, valeur intrinsèque échangeable, grande valeur comparative sous un petit volume, poids spécifique considérable, divisibilité, résistance, ductilité, telles sont les qualités que réunissent l'or et l'argent au point de vue du monnayage. En outre, ces deux métaux précieux sont propres à divers

---

(1) Michelet, Histoire de France, Livre V, chap. III.

usages : on en fait des bijoux, de la vaisselle plate, des ornements et autres objets d'art. Ils ont donc la qualité de marchandises, qualité que le monnayage ne leur enlève pas.

L'or et l'argent monnayés sont des marchandises, mais des marchandises qui ont une fonction spéciale : la marchandise-monnaie est l'instrument universel des échanges et possède, au plus haut degré, la puissance libératoire. Toute dette s'acquitte en argent, c'est-à-dire en monnaie métallique; car toute obligation se résout, dans le cas d'inexécution de la part du débiteur, en une condamnation à des dommages-intérêts évalués en argent. Remarquez que le mot « argent » signifie, à la fois, et la monnaie et l'un des deux métaux dont elle est faite.

La monnaie étant une marchandise, il y a lieu de rechercher quelles sont les lois qui déterminent le prix de la marchandise-monnaie. Mais qu'est-ce que le *prix de la monnaie?* Qu'est-ce que le prix d'une certaine quantité de monnaie, alors que cette quantité de monnaie est elle-même un prix? Il est facile de répondre. Si, par exemple, une pièce d'or de 20 fr. ou quatre pièces d'argent de 5 fr. sont le prix d'un hectolitre de blé, ne peut-on pas dire qu'un hectolitre de blé est le prix d'une pièce d'or de 20 fr. ou de quatre pièces d'argent de 5 fr.? De ce que la monnaie est une marchandise qui évalue toutes les autres, il résulte qu'elle est elle-même évaluable par toutes les autres. On dit : quel est le prix de telle quantité de blé, de telle quantité de vin, en d'autres termes, que valent, en monnaie, telle quantité de blé, telle quantité de vin ? On peut dire également : que vaut, en blé, en vin, telle quantité de monnaie ? Combien d'hectolitres de blé, combien d'hectolitres de vin, cette quantité de monnaie pourra-t-elle procurer ? Celui qui vend du blé ou du vin achète de l'argent plus ou moins cher, c'est-à-dire que, pour une quantité déterminée de blé ou de vin, il obtient plus ou moins de monnaie.

En principe, la valeur de la monnaie, c'est-à-dire son pouvoir d'achat, varie d'après les lois qui président aux variations des prix de toutes les autres marchandises. Le rapport de l'offre et de la demande, d'une part, le coût de production de l'or et de l'argent, d'autre part, influent sur la fixation et les variations du prix de la monnaie. La loi de l'offre et de la demande reçoit ici son application. La demande est représentée par l'ensemble des marchandises destinées à être vendues, et l'offre par la monnaie destinée à les payer. Plus la masse de monnaie est considérable, plus on obtient de monnaie en échange d'une quantité déterminée de marchandises, c'est-à-dire plus les prix sont élevés. Moins la masse de monnaie est considérable, moins on obtient de monnaie en échange de la même quantité de marchandises, c'est-à-dire plus les prix sont bas. La monnaie est chère, lorsqu'on vend à bon marché, lorsque les prix sont bas. La monnaie est à bon marché, lorsqu'on vend cher, lorsque les prix sont élevés.

Au reste, l'augmentation et la diminution de la masse monétaire n'ont pas pour résultat de changer la valeur des choses, d'une manière générale ; elles ne changent cette valeur que relativement à la marchandise-monnaie, c'est-à-dire qu'elles changent seulement les évaluations monétaires, les prix. Les prix sont élevés, lorsque le numéraire est abondant et beaucoup offert ; ils sont bas, lorsque le numéraire est rare et peu offert.

Le coût de production exerce une influence sur le prix des métaux précieux. L'exploitation des mines d'or et d'argent nécessite des travaux pénibles, de grandes dépenses. Il est évident que ceux qui entreprennent cette exploitation et se chargent d'apporter sur le marché les métaux précieux, cesseraient d'exercer leur industrie, s'ils n'y trouvaient pas un bénéfice, un profit suffisant.

Le besoin est la cause première de la demande. Or les

métaux précieux répondent à deux besoins distincts : le besoin d'objets de luxe et le besoin de monnaie. Cette circonstance que l'or et l'argent sont employés comme monnaie en augmente, sans aucun doute, la demande et, par suite, l'utilité, la valeur. Mais la base de cette valeur est dans les qualités spéciales que possèdent l'or et l'argent et qui les rendent propres à divers usages industriels ou artistiques.

Il n'est pas nécessaire que la masse de monnaie métallique soit aussi considérable que les échanges sont nombreux, ni qu'elle augmente proportionnément au nombre des échanges. En effet, la circulation monétaire étant, de fait, très active, il arrive que la même pièce de monnaie passe rapidement de main en main, sert à effectuer dix, vingt paiements, et rend, en réalité, autant de services que dix, vingt pièces de monnaie qui ne serviraient chacune qu'à un seul paiement.

Le pouvoir d'achat de la monnaie, c'est-à-dire sa valeur, varie, comme la valeur de toute autre marchandise, non seulement suivant les époques, mais encore suivant les lieux. Un pays où la monnaie est rare et chère a intérêt à l'importer ; au contraire, le pays où elle abonde et où elle a, par suite, un pouvoir d'achat moins grand, a intérêt à l'exporter. Un peuple n'a aucun avantage à accaparer la plus grande masse possible de monnaie, au-delà de ce qui lui est indispensable pour sa circulation, c'est-à-dire pour ses échanges, car la monnaie, lorsqu'elle est surabondante, perd infailliblement une partie de sa valeur.

A qui appartient le droit de transformer en monnaie les métaux précieux ? Il est certain : 1° que la fabrication de la monnaie ne peut pas être abandonnée à l'industrie privée ; 2° qu'un hôtel des monnaies ne doit pas être assimilé à un établissement métallurgique ordinaire ; 3° qu'on ne saurait admettre la libre fabrication de la monnaie.

Si la fabrication de la monnaie était abandonnée à l'indus-

trie privée, chaque fabricant aurait, sans doute, la faculté de
donner aux pièces de monnaie telle forme qu'il jugerait
convenable, de mélanger dans telle ou telle proportion le
métal pur et l'alliage. On conçoit toutes les difficultés qu'engendrerait un pareil système. L'acheteur prétendrait donner
en paiement telle espèce de monnaie, le vendeur en exigerait
une autre ; de là, des discussions incessantes. On serait
obligé de stipuler, dans chaque vente, l'espèce de monnaie
qui devrait servir au paiement du prix.

« Les pièces de monnaie sont des lingots dont le poids et
la pureté sont garantis par l'intégrité de dessins imprimés
sur les surfaces du métal (1). » Pour la masse des acheteurs
et des vendeurs, la garantie résulte de l'intervention de
l'Etat, qui atteste, certifie le poids et le titre de ces lingots.
Le système monétaire le plus simple et le plus rationnel
consiste donc à charger l'Etat de fabriquer la monnaie ou de
la faire fabriquer sous son contrôle immédiat. Pour que la
marchandise-monnaie remplisse convenablement sa fonction, il faut que sa valeur ne donne lieu à aucun débat entre
acheteurs et vendeurs. Les pièces de monnaie sont destinées
à passer rapidement de main en main, à circuler sans cesse;
cette circulation rapide exclut toute discussion sur leur
valeur.

Le caractère propre de la monnaie est de posséder la
puissance libératoire, d'avoir cours forcé. Or, on ne peut
donner ce cours forcé qu'à une monnaie d'Etat, c'est-à-dire
à une monnaie fabriquée par l'Etat ou sous son contrôle
immédiat, et conséquemment acceptée par tout le monde,
sans hésitation, sans discussion.

L'or et l'argent ont été pris pour base du système monétaire. Ces deux métaux précieux ont une valeur intrinsèque

(1) M. Stanley Jevons. La monnaie et le mécanisme de l'échange.
Chap. VII.

différente : celle de l'or étant supérieure à celle de l'argent, on emploie forcément l'argent, lorsqu'il s'agit de frapper les pièces de monnaie de faible valeur, nécessaires pour les achats peu importants. La pièce d'or de 5 fr. est déjà trop petite; on ne saurait évidemment frapper des pièces d'or de 1 franc. La monnaie d'or et celle d'argent ont, l'une et l'autre, cours forcé et sont, l'une et l'autre, investies de la puissance libératoire. Un débiteur peut donc se libérer en remettant à son créancier, soit une certaine quantité de pièces d'or, soit une certaine quantité de pièces d'argent, en d'autres termes, un certain poids d'or ou un certain poids d'argent. Mais, comme l'argent a toujours une valeur inférieure à celle de l'or, le débiteur devra, s'il paie en argent, remettre à son créancier une plus grande quantité de pièces, c'est-à-dire un plus fort poids d'argent. Il a donc été nécessaire d'établir un rapport entre la valeur de l'or et celle de l'argent. Ce rapport a, du reste, varié, comme varie le rapport de valeur qui existe entre deux marchandises quelconques. L'or et l'argent sont, en effet, les matières premières dont la monnaie est faite; et il est évident que la valeur de ces matières premières influe sur le prix des produits qu'on en tire. En 1803, le rapport de valeur de l'or à l'argent a été fixé à 1 contre 15 1/2, c'est-à-dire que 1 kilogramme d'argent à 9/10 de fin, métal monétaire, vaut 200 francs, tandis que 1 kilogramme d'or à 9/10 de fin vaut 3,100 fr. (200 × 15 1/2). Le kilogramme d'argent pur vaut 218 fr. 89 c., et le kilogramme d'or pur vaut 3,434 fr. Au commencement du XVIe siècle, le rapport de l'or à l'argent était de 1 à 10,75 ; en 1878, il était de 1 à 17,92.

Un système monétaire, qui reconnaît et attribue à l'or et à l'argent la qualité de monnaie, ne doit pas, en principe, tenir compte des variations incessantes qui se produisent dans la valeur commerciale de ces deux métaux précieux. Sans doute, le législateur en tient compte, lorsqu'il inter-

vient pour établir un système monétaire nouveau ou modifier
un système monétaire préexistant. Il déclare, par exemple,
que tel poids d'or vaut 15 fois 1/2 le même poids d'argent,
poids représentés par un nombre déterminé de pièces d'or
ou de pièces d'argent. Mais les bases du système une fois
adoptées, l'or et l'argent possèdent et conservent, dans la
proportion fixée, la puissance libératoire, bien que le rapport
dans leur valeur commerciale soit susceptible de varier et
varie effectivement. Décider que, dans les transactions, les
échanges, on devra avoir égard aux variations de la valeur
commerciale de l'or et de l'argent, que, dans chaque paiement, l'or et l'argent ne seront remis qu'en tenant compte
de la dépréciation relative que l'un ou l'autre métal aura
subie, ce serait compliquer infiniment les relations commerciales, entraver la circulation des richesses et renoncer à
l'un des avantages les plus précieux du système monétaire.

Pour toutes les menues acquisitions, on a besoin de pièces
de monnaie d'une faible valeur. On emploie, dans ce but,
un métal d'une valeur intrinsèque inférieure, tel que le
cuivre ou le bronze. Mais si l'on voulait frapper des pièces
de monnaie en cuivre ou en bronze, contenant la quantité
de métal nécessaire pour que ces pièces tirassent leur valeur
de la valeur des métaux dont elles sont faites, on obtiendrait
des pièces lourdes et incommodes. On frappe donc des
pièces de cuivre ou de bronze, auxquelles on donne une
valeur conventionnelle supérieure à leur valeur réelle, c'est-
à-dire que ces pièces ne contiennent pas la quantité de
métal équivalente à la valeur pour laquelle elles ont cours.
Ainsi, les pièces de 5 et de 10 centimes, qui ont cours pour
1/20 et 1/10 de franc, ne contiennent pas 1/20, 1/10 de franc
de cuivre ou de bronze. Ces pièces de 5 et de 10 centimes,
appelées monnaie de billon, monnaie d'appoint, ne sont pas,
à proprement parler, de la monnaie, de la marchandise-
monnaie; elles sont simplement des signes représentatifs

d'une fraction du franc, d'une fraction de l'unité monétaire.
Il importe que l'Etat se réserve la fabrication de la monnaie
d'appoint, en détermine la quantité, suivant les besoins de
la population, et fixe la proportion dans laquelle les créanciers sont obligés de la recevoir en paiement.

La loi du 7 germinal an XI, qui nous régit encore, a pris,
pour unité monétaire, une pièce de monnaie d'un poids et
d'un titre déterminés, le *franc d'argent* (qui pèse 5 grammes).
Mais le législateur de 1803, ne voulant pas démonétiser l'or,
a décidé qu'on frapperait des pièces d'or de 20 francs, qu'on
en fabriquerait 155 avec un kilogramme d'or à 9/10 de fin, et
qu'on fabriquerait 40 pièces d'argent de 5 francs avec un
kilogramme d'argent au même titre. Il a établi ainsi un
rapport légal entre la valeur de l'or et celle de l'argent, le
rapport de 1 à 15 1/2.

Malgré certaines modifications adoptées depuis 1864, la
loi du 7 germinal an XI est restée la base de notre système
monétaire. On a maintenu le double étalon qui est représenté : 1º pour l'or, par les pièces de 100 fr., de 50 fr., de
20 fr., de 10 fr., de 5 fr.; 2º pour l'argent, par la pièce de
5 fr. Toutes ces pièces sont au titre de $\frac{900}{1000}$. La monnaie
divisionnaire d'argent est au titre de $\frac{835}{1000}$. Quant à la
monnaie de billon, on frappe des pièces de 10, 5, 2, 1 centimes, pesant 10, 5, 2, 1 grammes. Avec un kilogramme de
cuivre, qui vaut 2 francs, on fabrique pour 10 francs de
monnaie de billon. La valeur réelle de cette monnaie n'est
donc que 1/5 de la valeur conventionnelle.

## Chapitre VI

*Notions générales sur le crédit.*

Les frais de production de la marchandise-monnaie sont considérables ; les métaux, or et argent, dont on se sert comme monnaie, comme instrument des échanges, coûtent cher ; on a donc cherché à en employer le moins possible ; on a même essayé de s'en passer.

Sous le régime de la monnaie, Primus dit à Secundus : « En échange du produit que vous me livrez ou du service que vous me rendez, voici une somme d'argent avec laquelle vous vous procurerez, où et quand vous voudrez, l'équivalent de ce produit ou de ce service. » Mais Primus peut dire à Secundus : « Aujourd'hui, je n'ai rien à vous donner en échange du produit que vous me livrez ou du service que vous me rendez ; évaluons en argent ce produit ou ce service, et je vais m'engager par écrit à vous payer, à l'époque que nous allons fixer, la somme convenue. » Si Secundus accepte cet arrangement, c'est qu'il a confiance en Primus ; on dit alors qu'il fait *crédit* à Primus. Le mot *crédit* implique l'idée de confiance.

Primus remet donc à Secundus une promesse écrite de lui payer la somme d'argent à l'échéance convenue. Secun-

dus peut lui-même donner cette promesse écrite en paiement à son propre créancier, qui, au jour de l'échéance,
touchera la somme d'argent. Ceux qui, de première ou de
seconde main, acceptent cet écrit, ce papier, ont confiance,
c'est-à-dire font *crédit*. Cette confiance peut être absolue,
en ce sens que celui qui fait crédit compte uniquement sur
l'intelligence, l'activité, la probité du débiteur et espère qu'il
se mettra en mesure de se libérer à l'échéance. La confiance
peut aussi reposer sur des bases plus solides, s'appuyer sur des
garanties d'une nature particulière fournies par le débiteur,
sur ce qu'on appelle, en droit, des sûretés personnelles
(telles que le cautionnement d'une tierce personne), ou des
sûretés réelles (telles qu'un nantissement, une hypothèque).
Suivant la base sur laquelle il repose, le crédit peut donc
être personnel ou réel, mobilier ou immobilier.

Une promesse écrite qui vaut de la monnaie et qu'on cède
comme de la monnaie, telle est l'idée, fort simple d'ailleurs,
qui contient en germe tout le développement ultérieur du
crédit. Il est aisé de concevoir de quelle manière le crédit
peut suppléer à la monnaie métallique et permettre, dans
une certaine mesure, de s'en passer. « La monnaie, a dit
Ricardo, est parfaite quand elle est à l'état de papier. »
L'économiste anglais n'a point entendu par là faire l'apo-
logie du papier-monnaie ; il a simplement fait allusion à un
état économique idéal, dans lequel la monnaie d'or et d'argent deviendrait inutile, — état auquel on ne peut parvenir
d'une manière absolue, mais dont on se rapproche sans
cesse, grâce au progrès de la civilisation et au perfectionnement des institutions de crédit.

L'opération de crédit, réduite à sa plus simple expression,
consiste en ce que telle personne ou telle société obtient la
libre disposition d'un capital contre la promesse écrite d'en
rembourser ultérieurement la valeur. D'une part, celui qui
s'est constitué un capital par l'épargne a rarement les qua-

lités nécessaires pour faire fructifier le capital épargné, à savoir l'esprit d'entreprise, les connaissances techniques, l'expérience des affaires. D'autre part, il est rare qu'un seul individu possède, en quantité suffisante, les capitaux énormes que réclame une grande entreprise industrielle. Or le crédit a pour effet de transporter, de faire circuler les capitaux formés par l'épargne et de mettre ces capitaux à la disposition des personnes qui sont aptes à en tirer parti. Chacun des éléments de la production a vu sa puissance augmentée par quelque ingénieuse combinaison imaginée par l'homme. De même que la division du travail en a augmenté la puissance productive, de même le crédit est venu accroître la puissance, activer la circulation du capital.

« Le crédit, nous entendons le crédit normal et sérieux,... suppose toujours un *capital préexistant* chez le prêteur, de même qu'il suppose chez l'emprunteur un *travail productif*, en mesure de rembourser le capital avancé avec les intérêts. Cette préexistence du capital est une nécessité qu'il ne faut pas perdre de vue un seul instant (1). » Mais le crédit a pour effet d'empêcher le chômage des capitaux. « Si un fabricant de drap ne vendait pas ses draps à crédit au marchand de drap, l'étoffe attendrait dans la manufacture. La confiance accordée met plus vite cette étoffe entre les mains du consommateur. Si un droguiste ne vendait pas à crédit au teinturier, et si le teinturier, en vertu de cette facilité, ne teignait pas à crédit pour le fabricant d'étoffes, celui-ci, faute d'avances, serait peut-être forcé de suspendre sa fabrication jusqu'à ce que ses premiers produits fussent écoulés, d'où il résulterait que la portion de son capital, qui est en marchandises à moitié manufacturées, en métiers, en ate-

---

(1) M. H. Baudrillart. Manuel d'Économie politique, 3ᵉ partie, chap. VI.

lier, chômerait en tout ou en partie. Ce crédit empêche les pertes de temps d'avoir lieu (1). »

Un capital oisif, inerte, stérile, peut, en fait, être considéré comme inexistant. Le crédit qui le tire de son inaction, qui l'anime, en quelque sorte, est, à ce point de vue, vraiment créateur. Cette idée de la puissance du crédit, cette idée que le crédit peut créer la richesse n'est pas nouvelle. « Law vit en Hollande, dit Michelet (au sujet de la crise financière de 1719-1720), Law vit en Hollande l'immatérielle puissance du crédit, du papier, du billet qu'imita l'Angleterre ensuite... Le papier contre le papier, l'idée contre l'idée, la foi contre la foi, c'était la noble forme du commerce. Plus que la forme ; c'était une part incontestable du fonds. Le négociant qui n'a que cent mille francs, avec la confiance, fait des affaires pour un million, exploite ce million, gagne en proportion d'un million, comme s'il l'avait en fonds de terre. C'est donc neuf cent mille francs que son crédit lui crée. N'eût-il pas même cent mille francs, s'il a un art ou un secret utile à exploiter, s'il inspire confiance, le million tout entier sortira pour lui du crédit. La richesse peut être une création de la foi (2). »

Le véritable crédit, celui qui influe sur l'activité économique, intervient entre les entrepreneurs d'industrie et les commerçants et a pour objet de seconder les uns, en leur qualité d'agents de la production, les autres, en leur qualité d'agents de la circulation. On distingue donc le crédit industriel et le crédit commercial.

Pour comprendre ce qu'est le crédit industriel, prenons un exemple dans l'industrie manufacturière. Le producteur de laine fait crédit au filateur : « Vous me paierez, lui dit-

(1) J.-B. Say. Cours d'Économie politique.
(2) Michelet. Histoire de France. tome XVII, chap. VII.

il, quand vous aurez vendu votre fil. » De même, le filateur
fait crédit au tisseur et lui dit : « Vous me paierez, quand
vous aurez vendu votre étoffe. » Enfin le tisseur fait également crédit au marchand-tailleur. Grâce au crédit, chaque
industriel dispose d'une valeur qui lui sert à approvisionner
de matières premières son industrie. Cette valeur est le
titre que lui souscrit, à chaque livraison, un autre industriel.
Le producteur de laine a la promesse écrite que lui a sous-
crite le filateur ; celui-ci a la promesse écrite que lui a sous-
crite le tisseur, et ainsi de suite. Si l'un ou l'autre de ces
industriels a besoin de monnaie, c'est-à-dire de numéraire,
soit pour conclure un marché au comptant, soit pour payer
les salaires de ses ouvriers, il se procure cette monnaie, ce
numéraire, en cédant la promesse écrite, qu'il a entre les
mains, à un détenteur de capital monétaire, c'est-à-dire à
un banquier. Ainsi, la fabrique ne chôme pas ; l'industriel
n'est pas obligé d'attendre, pour renouveler son approvisionnement de matières premières, le paiement en numéraire des produits qu'il a livrés ; le crédit alimente la
fabrique comme le numéraire aurait pu lui-même l'alimen-
ter.

L'extension indéfinie du marché et la production sur une
grande échelle ont donné naissance au crédit commercial.
Le marché embrassant, en quelque sorte, le monde entier,
il est évident que le producteur ne peut pas débiter lui-
même ses produits : s'il voulait les débiter lui-même, il lui
faudrait d'innombrables entrepôts. C'est le commerce qui
se charge de mettre les produits à la portée des consommateurs. Les marchands en gros, en demi-gros, en détail,
font l'office d'intermédiaires entre les producteurs et les
consommateurs. Voici comment intervient le crédit : le
producteur fait au commerçant, auquel il livre des produits,

l'avance de ces produits ; et le commerçant qui, pour se libérer, a besoin d'écouler, au moins en partie, les marchandises dont il s'agit, s'acquitte envers le producteur en lui remettant un titre, une promesse écrite de le payer à telle date. Le producteur, porteur de cette promesse écrite qui vaut de l'argent, la remet à un banquier et se procure ainsi le numéraire avec lequel il renouvelle son approvisionnement de matières premières, paie ses ouvriers, etc...

Faire des avances à la production, activer la circulation des capitaux, telle est, en général, la fonction du crédit.

## CHAPITRE VII.

*Le billet à ordre. — La lettre de change. — Le billet de banque.*

Une promesse écrite, reçue et circulant comme monnaie, telle est, avons-nous dit, l'expression matérielle du crédit. Mais est-il certain que cette *monnaie fiduciaire* (de *fiducia*, confiance) circulera aussi facilement que la monnaie métallique, qui est une valeur acceptée par tous et en tous lieux? Plusieurs circonstances s'opposent à la rapide circulation de la monnaie fiduciaire. Secundus a confiance en Primus qui lui a souscrit un titre fiduciaire; mais Tertius, à qui Secundus veut céder ce titre, peut ne pas connaître le souscripteur Primus et n'avoir pas en lui la même confiance. Le titre fiduciaire est payable à une échéance plus ou moins éloignée, et le porteur peut avoir besoin d'argent avant l'échéance. Enfin, on ne peut pas diviser le titre fiduciaire, le fractionner à volonté, comme on fractionne une somme d'argent lorsqu'on a à effectuer des paiements distincts. Il fallait arriver à monnayer, pour ainsi dire, cette promesse écrite, ce titre fiduciaire, ce morceau de papier, de manière qu'il offrît la plupart des qualités d'une monnaie métallique, qu'il devînt une créance acceptée par tous, susceptible de division suivant les besoins de chacun, toujours échue, payable en tous lieux.

*L'endossement* a été, dans cette voie, un premier pas. On entend par *endossement* une mention mise au dos du titre et par laquelle le créancier donne ordre au souscripteur ou débiteur de payer la somme au cessionnaire de la créance ; ce cessionnaire est désigné dans la mention d'endossement. L'engagement du souscripteur est ainsi conçu : « A telle date, je paierai telle somme à Primus ou à son ordre. » Ce titre est ce qu'on nomme le *billet à ordre*. « Le billet à ordre, dit l'article 188 du Code de commerce, est daté. Il énonce la somme à payer, le nom de celui à l'ordre de qui il est souscrit, l'époque à laquelle le paiement doit s'effectuer, la valeur qui a été fournie en espèces, en marchandises, en compte, ou de toute autre manière. » Le billet à ordre est un effet de commerce négociable, une créance dont la propriété se transmet facilement au moyen de l'endossement ; il est payable par le souscripteur, au domicile de celui-ci.

La *lettre de change* est un autre effet de commerce, également transmissible par la voie de l'endossement, et payable, non par le souscripteur, mais par un tiers désigné dans le titre. La lettre de change, dont l'invention remonte à une époque éloignée, a rendu au commerce d'immenses services. « Les Juifs inventèrent les lettres de change ; et, par ce moyen, le commerce put éluder la violence et se maintenir partout, le négociant le plus riche n'ayant que des biens invisibles, qui pouvaient être envoyés partout et ne laissaient de trace nulle part (1). » Voyons en quoi consiste la lettre de change : Primus est créancier de Secundus et veut céder sa créance à Tertius ; il mande à Secundus, son débiteur, de payer à Tertius ou à son ordre, c'est-à-dire à telle autre personne que Tertius, le cessionnaire, indiquera. On peut la définir : un écrit par lequel le souscripteur ou *tireur* mande

---

(1) Montesquieu. Esprit des lois. Livre XXI, chapitre XX.

à un tiers appelé *tiré*, demeurant dans un lieu autre que
celui d'où l'écrit est daté, de payer une certaine somme à
un tiers appelé *preneur* ou à telle autre personne que celui-
ci désignera. « La lettre de change, dit l'article 110 du Code
de commerce, est tirée d'un lieu sur un autre. Elle est datée.
Elle énonce la somme à payer, le nom de celui qui doit
payer, l'époque et le lieu où le paiement doit s'effectuer, la
valeur fournie en espèces, en marchandises, en compte ou
de toute autre manière. Elle est à l'ordre d'un tiers ou à
l'ordre du tireur lui-même. » « La propriété d'une lettre de
change se transmet par la voie de l'endossement. L'endossement est daté. Il exprime la valeur fournie. Il énonce le
nom de celui à l'ordre de qui il est passé. Art. 136 et 137
du Code de commerce. » Tous ceux qui ont signé, accepté
ou endossé une lettre de change ou un billet à ordre, sont
tenus à la garantie solidaire envers le porteur, c'est-à-dire
sont solidairement garants du paiement à l'échéance. Il en
résulte qu'au fur et à mesure que le titre circule, passe de
main en main, il se couvre d'endossements et, par suite, de
garanties.

Ainsi, grâce à l'invention du billet à ordre et de la lettre
de change, le titre fiduciaire se transmet et circule facilement. Mais on peut rendre cette circulation plus facile
encore. Le titre fiduciaire est une valeur. Il faut que le
détenteur de cette valeur puisse, partout et à toute époque,
en tirer parti en l'échangeant, en la cédant, de même qu'on
tire parti de toutes autres valeurs (produits ou marchandises), en les vendant. Pour écouler, vendre les produits,
l'industrie a recours à des intermédiaires qu'on appelle les
courtiers et les commerçants. Pour la vente de cette marchandise particulière, qui est représentée par les titres fiduciaires, les titres de créance, il y a également des intermédiaires : les agents de change qui font l'office de courtiers,
et les banquiers qui sont de véritables commerçants. La

profession du banquier consiste à acheter des titres fiduciaires pour les revendre, à assurer et faciliter la circulation de ces titres.

Le banquier, auquel je présente un effet de commerce souscrit à mon profit par un tiers, m'avance immédiatement la somme qui m'est due, sous déduction d'un *escompte* représentant l'intérêt de cette somme jusqu'à l'échéance, puis il met l'effet en circulation après lui avoir donné la garantie de sa propre signature.

L'intervention du banquier-escompteur n'obvie pas au double inconvénient que présentent le billet à ordre et la lettre de change, à savoir l'échéance fixe et la nécessité de l'endossement. Aussi, a-t-on, au moyen d'une combinaison ingénieuse, créé un effet de commerce toujours échu, payable en tous lieux, et pour le transfert duquel l'endossement n'est pas nécessaire. Pour la création de cet effet de commerce, il faut l'intervention, non de tel ou tel banquier-escompteur, mais d'un grand établissement de crédit, d'une banque telle que la Banque de France, puissante par son capital, ses ressources, sa notoriété, la confiance qu'elle inspire. Cette banque se charge, à certaines conditions, du titre fiduciaire qu'on lui remet, et en avance le montant en numéraire ; elle dépose et garde le titre dans son portefeuille, puis elle met en circulation un billet qui ne porte que sa signature (la signature de la banque), signature préférable à celles d'endosseurs inconnus, le plus souvent, des porteurs subséquents. Afin que le détenteur de l'effet créé par la banque n'ait pas besoin de l'endosser pour en transmettre à d'autres la propriété, l'effet est déclaré payable au porteur. Cet effet de commerce est facilement négociable, puisqu'on peut en transférer la propriété sans endos et par la simple remise du titre.

Il y a encore un progrès à réaliser : c'est la suppression de l'échéance fixe. On arrive ainsi au *billet de banque* proprement dit. On supprime l'échéance, en déclarant que le billet *sera payé en espèces, à vue, au porteur ;* et même, pour que le billet de banque se rapproche autant que possible de la monnaie, certains billets (celui de 100 fr., par exemple) portent cette simple mention : « Banque de France. Cent francs. » Le détenteur d'un effet de commerce, qui désire en toucher immédiatement le montant, est obligé de mettre l'effet en circulation ; mais plusieurs raisons s'opposent, avons-nous dit, à ce que cet effet circule facilement. Que fait donc le détenteur ? Il remet l'effet à la Banque qui le garde en portefeuille jusqu'au jour de l'échéance ; la Banque remet elle-même, en échange, un autre effet créé par elle et de nature à circuler très facilement. Cet effet est le billet de banque, qui donne au porteur le droit de toucher en numéraire et quand il veut, à la caisse de la banque, la somme indiquée sur le billet.

Mais, en raison de la faculté qu'a le porteur du billet de banque d'en réclamer le paiement à l'époque qui lui convient, en raison du crédit dont jouit la Banque et de la grande confiance qu'elle inspire, le billet de banque représente, en fait, un effet de commerce à échéance lointaine. Ceux qui reçoivent des billets de banque ne demandent pas, ne songent même pas à demander à la Banque, comme ils en ont le droit, le remboursement immédiat en numéraire. Ils conservent ces billets de banque pour les donner en paiement à leurs créanciers, et ainsi de suite. Il en résulte que le billet de banque, plus commode d'ailleurs, moins lourd et moins embarrassant que la monnaie métallique (la monnaie d'argent surtout), demeure indéfiniment dans la circulation.

Remarquez d'ailleurs que le billet de banque suppose une couverture (c'est-à dire une garantie) consistant en espèces métalliques, que la Banque a dans sa caisse, et en effets de commerce qu'elle a dans son portefeuille.

Pour résumer les explications qui précèdent, prenons un exemple. Un industriel se présente à la Banque de France ; il est créancier d'un négociant auquel il a livré des marchandises, et qui lui a souscrit un billet à ordre de 1,000 fr.; il répond de la solvabilité du souscripteur. Il désire toucher, dès à présent, le montant de sa créance. La Banque prend donc l'effet de commerce (lettre de change ou billet à ordre), qui représente la créance, et remet à l'industriel, soit la somme de 1,000 fr. en espèces, soit un récépissé de pareille somme, à vue et au porteur, qu'il pourra faire circuler comme de l'argent. Ce récépissé est le billet de banque. Nous savons que la Banque dépose dans son portefeuille l'effet de commerce (lettre de change ou billet à ordre) dont elle se charge et dont elle doit toucher le montant à l'échéance.

« Le billet de banque est une assignation qui diffère triplement de l'assignat (1) : 1° C'est une assignation sur toute espèce de valeur, immédiatement réalisable. Ce n'est pas une assignation sur une terre chimérique, située on ne sait où, de laquelle je ne veux pas, dont la valeur est réduite à rien par l'excès de l'offre ; c'est un ordre de livraison que je puis présenter à tout marchand, à tout détenteur de n'importe quel produit. 2° Cette assignation est acceptée partout, parce que la Banque dit à tous : vous n'avez qu'à vous présenter à ma caisse et je vous donnerai de l'or en échange de ce billet. On a dit avec raison que le public donne et reçoit des billets de banque comme de la monnaie. 3° Cette promesse de la Banque est garantie par un gage certain qui limite l'émission des billets : l'or qui est dans ses caves et les effets de commerce qui sont dans son portefeuille (2). »

---

(1) Papier-monnaie créé le 1er avril 1790 et annulé le 19 février 1796.
(2) M. A. Jourdan. Cours analytique d'Économie politique. Chapitre LXIII.

# Chapitre VIII.

## *Le commerce de banque. — L'escompte.*

« La fonction distincte du banquier, dit Ricardo, ne
commence que lorsqu'il fait la banque avec l'argent d'autrui. » Les banquiers recueillent les capitaux, les rassem-
blent et en forment des sommes considérables qu'ils mettent
au service de l'industrie et du commerce. Les banques
constituent donc des établissements de crédit, qui contribuent à la formation du capital et qui facilitent l'épargne.
Le banquier est, pour la marchandise-monnaie, ce que le
commerçant est pour telle ou telle marchandise qu'il achète
et revend. De même que le commerçant est un intermédiaire
entre le producteur, qui cherche à écouler les produits de sa
manufacture, et le consommateur, qui a besoin de ces
produits, de même le banquier est un intermédiaire entre
le capitaliste, qui cherche à faire emploi de son capital, et
l'industriel, qui a besoin de ce capital pour son industrie ou
son commerce.

En général, le banquier met les capitaux, qu'il a entre les
mains, à la disposition des industriels et des négociants, non
par un prêt ordinaire, mais par la voie de l'*escompte*. Le
tisseur, par exemple, qui a vendu au marchand tailleur pour
1,000 fr. d'étoffes, lui fait un crédit de trois mois ; mais,

comme il a lui-même besoin d'argent pour payer le salaire de ses ouvriers ou subvenir à d'autres dépenses urgentes, il tire sur le marchand tailleur une lettre de change à trois mois de date, pour la somme de 1,000 fr., à l'ordre du banquier. Ce dernier remet immédiatement au tisseur, en espèces, le montant de la lettre de change, sous la déduction d'un *escompte*. L'*escompte* est l'intérêt prélevé sur la valeur d'un effet de commerce. Dans l'exemple ci-dessus, l'escompte comprend : 1º l'intérêt de 1000 fr. pendant trois mois, 2º un droit de commission. Ce droit de commission représente l'indemnité due au banquier, qui s'est donné la peine de rassembler les capitaux qu'il a entre les mains, — capitaux dont il est d'ailleurs responsable envers les déposants. Le banquier, devenu propriétaire de l'effet de commerce, peut le garder en portefeuille jusqu'à l'échéance, ou le remettre en circulation.

Nous voyons comment le banquier vient en aide à l'industrie et au commerce : c'est, en général, par la voie de l'escompte qu'il met au service de la production les capitaux dont il dispose ; il fait des avances qui doivent lui être remboursées au bout de quelques jours, de quelques mois au plus ; comme il opère, le plus souvent, avec l'argent d'autrui, avec des capitaux provenant de dépôts dont on peut, d'un jour à l'autre, lui demander le remboursement, il lui est impossible d'immobiliser ces capitaux en les prêtant à longue échéance.

Le banquier escompteur n'est pas seulement un intermédiaire entre les capitalistes, d'une part, et les industriels ou négociants, d'autre part ; il est, vis-à-vis des capitalistes, qui lui confient leurs capitaux, un garant du bon emploi de ces capitaux. C'est pourquoi il n'escompte pas, sans distinction, toute espèce de papier ; il a soin d'apprécier le papier qui demande à être escompté. Un banquier ne doit, en principe, escompter que du *papier fait*, c'est-à-dire du pa-

pier créé à l'occasion d'une affaire (industrielle ou commerciale) sérieuse. Lorsqu'un manufacturier, dont l'entreprise
industrielle est en pleine activité, tire une lettre de change
sur un marchand, auquel il a livré une certaine quantité
de produits, en lui faisant un crédit plus ou moins long,
cette lettre de change peut être considérée comme du papier
fait. Parfois il arrive que l'effet de commerce, présenté à
l'escompte, n'a que l'apparence d'un papier fait. C'est
l'affaire du banquier de se renseigner sur la qualité. du
papier qui demande à être escompté, de connaître le crédit
que méritent tel ou tel industriel et tel ou tel négociant.

## Chapitre IX.

*La Banque de France et la circulation fiduciaire. — Le crédit réel mobilier.*

Le commerce de banque consiste à recevoir des dépôts, à escompter des effets de commerce et à émettre des billets de banque; il est libre en ce qui touche les dépôts et l'escompte; il ne l'est pas en ce qui touche l'émission des billets. Partout, les banques d'émission sont réglementées, c'est-à-dire que l'Etat intervient dans l'organisation, le fonctionnement de ces banques, et détermine les garanties qu'elles doivent offrir au point de vue de la solidité de leur circulation fiduciaire. La réglementation des banques peut aller jusqu'à la suppression complète de la liberté d'émission, jusqu'au privilége, au monopole.

Il est certain que les billets, émis par une banque, qui jouit d'un monopole et a de nombreuses succursales, circulent aisément et rendent d'importants services. « On a organisé de grands établissements de crédit, pourvus d'un capital plus ou moins considérable, ayant certains priviléges, et bien connus du public; on leur a donné la faculté d'émettre des billets au porteur en échange des engagements pris entre fabricants et commerçants; ces billets sont acceptés comme de la monnaie, quand on a l'assurance que l'établissement qui les a émis repose sur des bases solides. Sans doute, dans la plupart des cas, ce sont des billets à découvert, c'est de l'or supposé... Mais c'est de l'or qui deviendra parfaitement réel, si l'émission a été faite avec prudence, si l'opération commerciale qui y a donné lieu est sérieuse et repose sur une marchandise d'un placement certain. De plus, on a mis entre les mains du public un instrument d'échange, commode, léger à porter, facile à compter; et enfin, comme cet instrument ne coûte généralement rien à l'établissement qui l'émet, celui-ci peut le donner à meilleur marché que l'argent qu'on trouverait ailleurs. Voilà le mécanisme et l'utilité du billet au porteur ; et, en fait, on peut constater que, là où il existe, le taux de l'escompte et de l'intérêt, en général, a considérablement baissé... Mais, pour cela, il faut que le billet au porteur soit parfaitement assuré, que le public le prenne avec confiance et que les établissements dont il émane aient intérêt à le mettre en circulation dans la mesure nécessaire (1). » Dans de telles conditions, le billet de banque n'est rien autre chose qu'une monnaie, une monnaie de papier aussi sûre que la monnaie métallique, pourvu toutefois que la fabrication de cette monnaie de papier soit confiée à un établissement offrant des garanties absolues de solidité, de sécurité.

Nous avons une banque privilégiée, qui est investie du droit d'émission sous la surveillance et le contrôle de l'Etat et qui a le monopole de l'émission des billets de banque; cet établissement privilégié a été fondé en l'an VIII (1800).

« Une institution, digne d'être mentionnée par l'histoire, dit M. Thiers, vint s'ajouter à toutes celles dont nous avons déjà raconté la création : ce fut la Banque de France... Dans tout centre commercial où règne une certaine activité, il

_____

(1) M. V. Bonnet, La circulation fiduciaire (*Revue des Deux-Mondes* du 1er avril 1884).

faut une monnaie commode pour les paiements, c'est-à-dire la monnaie de papier, et un établissement qui escompte en grand les effets de commerce. Ces deux services se prêtent même un mutuel secours, car les fonds déposés en échange des billets circulants sont ceux-là même qu'on peut prêter au commerce par la voie de l'escompte. Partout, en effet, où il y a un mouvement d'affaires tant soit peu considérable, une banque doit réussir, si .elle n'escompte que de bon papier, et si elle n'émet pas plus de billets qu'il ne faut ; en un mot, si elle proportionne ses opérations aux besoins vrais de la place où elle réside. C'est ce qu'il fallait faire à Paris, et ce qui devait réussir, si on le faisait bien. Cette nouvelle banque devait avoir, outre ses affaires avec les particuliers, ses affaires avec le Trésor, et, par. conséquent, autant de bénéfices à recueillir que de services à rendre.... Elle devait, suivant ses statuts, escompter les effets de commerce répondant à des affaires légitimes et non collusoires, émettre des billets circulant comme monnaie, et s'interdire toutes les spéculations étrangères à l'escompte et au commerce des métaux. Fidèle à ses statuts, elle est devenue le plus bel établissement de ce genre connu dans le monde (1). »

En principe, c'est au moyen de l'escompte que la Banque de France vient en aide à l'industrie et au commerce ; elle n'escompte que des effets de commerce revêtus de trois signatures ; une de ces signatures peut être remplacée par le dépôt de certains titres indiqués par la loi. La Banque n'accepte que des effets dont l'échéance varie entre 45 et 90 jours ; elle élève ou abaisse le taux de son escompte suivant la situation du marché et la demande de capitaux ; elle peut prêter sur gage ; mais elle ne reçoit comme gage que des valeurs mobilières de premier ordre et facilement réalisables ;

---

(1) A. Thiers. Histoire du Consulat. Livre II.

enfin elle doit éviter d'émettre un trop grand nombre de billets et de diminuer, dans une proportion trop forte, son encaisse métallique.

Le chiffre de l'émission des billets de banque n'est pas limité, sauf dans le cas où ces billets ont cours forcé ; ils ne sont émis que contre des effets de commerce, constituant du papier fait, de premier choix, ou sur la remise de gages, consistant en valeurs mobilières de premier ordre.

La loi du 9 juin 1857 a conféré à la Banque de France le privilége d'émettre des billets de banque, payables à vue et au porteur ; ce privilége doit prendre fin le 31 décembre 1897.

En matière d'émission de billets de banque, la liberté absolue aurait les plus graves inconvénients. Peut-on admettre que des centaines, des milliers de banques particulières soient investies du droit d'émettre des billets ? Toutes les banques n'offrent pas les mêmes garanties de solidité et de sécurité, ne jouissent pas d'un crédit égal ; à chaque paiement, il faudrait apprécier, discuter la valeur des billets émis par l'une ou par l'autre, ce qui amènerait des complications de toute espèce. Avec la liberté absolue d'émission, il y aurait beaucoup de billets douteux, de mauvais billets ; et il est certain que les mauvais billets nuiraient aux bons.

L'Etat surveille, contrôle les opérations de la Banque ; et la Banque rend des services à l'Etat, en lui prêtant de l'argent à un intérêt minime. On a dit avec raison que la Banque de France est la clé de voûte de notre édifice financier.

Il nous reste à présenter quelques observations au sujet du *crédit réel mobilier*. Le *crédit réel mobilier* repose sur le nantissement d'objets mobiliers (corporels ou incorporels, marchandises ou titres). « Le nantissement, dit l'article 2071 du Code civil, est un contrat par lequel un débiteur remet remet une chose à son créancier pour sûreté de la dette. » Le nantissement d'une chose mobilière s'appelle *gage* (art. 2072). La Banque de France est autorisée à prêter sur dépôts de titres ; ses statuts déterminent les titres ou valeurs mobilières sur lesquels il lui est permis de faire des avances ; ce sont : les rentes sur l'Etat et les diverses valeurs émises par le Trésor public, les actions et obligations des grandes compagnies de chemins de fer, les obligations du Crédit foncier et celles de la Ville de Paris. La Banque n'avance que 60 pour cent de la valeur des titres, d'après le dernier cours de la Bourse au comptant ; elle prête pour 90 jours et ne fait pas d'avances inférieures à 5000 fr. La Banque ne prête sur lingots d'or et d'argent que s'ils sont d'une valeur de 10,000 fr. au moins ; elle avance 70 pour cent sur lingots d'argent, 99 pour 100 sur lingots d'or.

Les Monts-de-piété (*monte*, mot italien, signifie banque) sont des banques privilégiées de prêts sur gages ; ils prêtent sur objets mobiliers corporels. Les Docks ou Magasins-généraux sont une ingénieuse application du prêt sur gages ; ils offrent le moyen de faire des marchandises un instrument de crédit, en attendant qu'elles soient vendues.

## Chapitre X.

*Du crédit réel immobilier. — Le Crédit foncier de France
et les obligations foncières.*

« Quiconque s'est obligé personnellement, dit l'article
2092 du Code civil, est tenu de remplir son engagement sur
tous ses biens mobiliers et immobiliers, présents et à
venir. » « Les biens du débiteur, ajoute l'article 2093, sont
le gage commun de ses créanciers... » Tout créancier a
donc pour gage de sa créance l'ensemble des biens mobiliers et immobiliers de son débiteur. Mais ce gage général
est fort précaire : il peut se réduire à peu de chose et même
disparaître, si le débiteur aliène ses biens ou s'il s'oblige
envers d'autres personnes qui auront les mêmes droits que
le premier créancier.

Considéré au point de vue de la base sur laquelle il repose,
le crédit est *réel* ou *personnel*. Il y a crédit réel, lorsqu'une
chose, mobilière ou immobilière, est affectée spécialement
au paiement d'une dette. En ce cas, la chose ne peut pas
être soustraite aux poursuites du créancier ; et celui-ci a le
droit d'être payé sur le prix de vente de cette chose, par
préférence à d'autres créanciers qui n'ont pas obtenu la
même garantie.

14

Le *nantissement* (dont nous avons donné ci-dessus la définition) et l'*hypothèque* sont des garanties réelles. « L'hypothèque, dit l'article 2114 du Code civil, est un droit réel sur les immeubles affectés à l'acquittement d'une obligation. Elle est, de sa nature, indivisible et subsiste en entier sur tous les immeubles affectés, sur chacun et sur chaque portion de ces immeubles. Elle les suit dans quelques mains qu'ils passent. » Les hypothèques ne peuvent frapper que des immeubles (art. 2119).

Le crédit réel (mobilier ou immobilier) repose sur des sûretés, des garanties réelles (nantissement, hypothèque), et s'applique surtout aux opérations à long terme. Le crédit purement *personnel*, c'est-à-dire le crédit industriel et commercial, fondé sur la confiance qu'on a dans la probité et la solvabilité d'une personne, suppose, au contraire, des opérations à court terme. Le banquier, qui escompte le papier de tel négociant, si l'échéance est à 2 ou 3 mois, ne l'escomptera pas ou hésitera à l'escompter, si l'échéance est à 6 mois ou un an. La Banque de France n'escompte que le papier à 90 jours au plus. Pourquoi ? Parce que les situations commerciales sont plus ou moins instables, et que telle situation, aujourd'hui prospère et brillante, peut changer, décliner rapidement. Les lenteurs, les complications et et les frais qu'entraîne la constitution d'une garantie réelle, sont incompatibles avec la multiplicité et la célérité des transactions commerciales. Aussi, dans le commerce, se contente-t-on de sûretés personnelles ; la garantie personnelle du débiteur, à laquelle vient, le plus souvent, s'ajouter la garantie d'autres personnes, est considérée comme suffisante.

Revenons à la garantie réelle immobilière, à l'hypothèque. L'hypothèque comprend : 1° un droit de préférence, c'est-à-dire le droit d'être payé sur le prix de l'immeuble avant d'autres créanciers; 2° un droit de suite, c'est-à-dire le droit de forcer les acquéreurs, même de bonne foi, d'abandonner l'immeuble ou d'en subir l'expropriation, s'ils ne préfèrent payer le montant intégral de la dette. L'efficacité, à l'égard des tiers, des hypothèques sur les immeubles est, en général, subordonnée à l'existence d'une inscription régulière, prise en temps utile et dûment renouvelée. Cette inscription consiste dans la déclaration ou description de ces droits sur les registres de la conservation des hypothèques. L'inscription, destinée à faire connaître au public les charges qui pèsent sur chaque immeuble du débiteur, doit naturellement être prise au bureau du conservateur des hypothèques, dans l'arrondissement duquel se trouve situé l'immeuble grevé.

La publicité est la base de tout régime hypothécaire et, par suite, de tout crédit réel immobilier. Or, dans notre législation, cette publicité est imparfaitement organisée. Il y a même des hypothèques légales occultes : l'hypothèque légale du mineur et de l'interdit sur les biens de leurs tuteurs, celle de la femme mariée sur les biens de son mari. Ces hypothèques sont dispensées d'inscription.

Au point de vue du crédit, il serait à désirer qu'étant donné un immeuble, on pût savoir, à toute époque et sans difficulté, à qui il appartient et de quelles charges réelles il est grevé, de telle sorte qu'en contractant avec le propriétaire, on fût renseigné exactement sur la valeur, la solidité de la garantie réelle qu'il offre de fournir. Il faudrait qu'étant donnée une personne, on fût à même de constater aisément le crédit réel dont elle jouit. L'acquéreur d'un immeuble a intérêt à savoir si le vendeur en est réellement propriétaire et si cet immeuble n'est pas grevé d'hypothèques. Le créancier, c'est-à-dire le prêteur, auquel le débiteur consent une hypothèque, a également intérêt à savoir si son débiteur est propriétaire de l'immeuble hypothéqué et si cet immeuble n'est pas déjà grevé d'hypothèques.

La loi accorde à l'acquéreur un bénéfice qu'elle refuse au simple créancier, au prêteur, en faveur duquel a été consentie une hypothèque : l'acquéreur a la faculté de purger. Purger, c'est affranchir, par l'accomplissement de certaines formalités, l'immeuble hypothéqué des charges réelles, des hypothèques dont il est grevé. Le prêteur, en faveur duquel a été consentie une hypothèque, n'a le droit de purger, ni à l'encontre des autres créanciers hypothécaires inscrits, ni à l'encontre des créanciers ayant une hypothèque légale occulte.

Le prêteur, qui désire avoir une garantie réelle immobilière, et l'emprunteur, qui offre cette garantie, se trouvent l'un et l'autre dans une situation plus ou moins délicate. Le prêteur doit se préoccuper de la solidité de la garantie offerte ; il doit rechercher si l'emprunteur est propriétaire de l'immeuble, si cet immeuble est ou non grevé d'hypothèques ; ensuite il sera nécessairement privé de son capital pendant une période de temps assez longue ; et puis, s'il n'est pas remboursé à l'échéance, il devra poursuivre l'expropriation et la vente de l'immeuble hypothéqué, pour obtenir sur le prix le paiement de ce qui lui est dû, et il aura à subir les lenteurs de la procédure de saisie immobilière. Quelle est la situation de l'emprunteur ? Celui qui est propriétaire d'un immeuble et qui veut emprunter sur hypothèque a, parfois, beaucoup de difficulté à trouver un prêteur ; de plus, un emprunt est, pour lui, une lourde charge ; car il est obligé non seulement de payer des intérêts, mais encore de se constituer un capital pour le remboursement du principal de la dette.

Les explications qui précèdent nous permettent d'apprécier les services rendus par le Crédit Foncier de France. Ce grand établissement fait l'office d'intermédiaire entre le propriétaire, qui veut emprunter sur hypothèque, et le capitaliste qui veut placer son argent sur hypothèque. Le capitaliste et le propriétaire s'adressent, l'un et l'autre, au Crédit Foncier, qui attire ainsi de tous les points du pays et répand ensuite dans tout le pays les capitaux de placement.

Le Crédit Foncier examine le gage, en vérifie la valeur ; il jouit du bénéfice de la purge d'hypothèques, comme préliminaire du prêt, tandis que, d'après le droit commun, l'acquéreur seul a la faculté de purger. Le Crédit Foncier consent des prêts à long terme ; le débiteur éteint sa dette en payant des annuités qui comprennent l'intérêt et l'amortissement du capital ; en ajoutant annuellement à l'intérêt ordinaire une somme relativement faible, il amortit le capital. On évite ainsi l'inconvénient résultant de la difficulté, pour l'emprunteur, de se constituer un capital de remboursement. Enfin, le législateur a simplifié, au profit du Crédit Foncier, la procédure de saisie immobilière : on ne dresse pas de procès-verbal de saisie, et deux mois environ suffisent pour la réalisation du gage.

La Banque de France, avons-nous dit, met en circulation des *billets de banque* sur dépôt d'effets de commerce ou valeurs de portefeuille, sur dépôt de titres et même de lingots. Le Crédit Foncier, lorsqu'on lui a consenti une hypothèque pour garantie du remboursement d'une certaine somme, émet, pour une valeur égale à cette somme, des *obligations foncières* (nominatives ou au porteur), qui permettent au capitaliste prêteur de rentrer facilement dans son capital en négociant ses titres. D'une part, le capitaliste prêteur, en échange du capital qu'il confie au Crédit Foncier pour être remis à l'emprunteur, reçoit une ou plusieurs *obligations foncières*, en vertu desquelles il se trouve créancier du Crédit Foncier, pour le capital et pour l'intérêt. D'autre part, c'est envers le Crédit Foncier que l'emprunteur est débiteur des *annuités*, qui comprennent les intérêts et l'amortissement du capital. Remarquez, du reste, que l'emprunteur et le prêteur ne se connaissent pas, qu'il n'y a aucun rapport direct entre eux, aucun rapport direct entre l'obligation foncière et l'acte constitutif de l'hypothèque. Il suffit que l'ensemble des prêts consentis par le Crédit Foncier soit couvert et garanti par un ensemble d'affectations hypothécaires.

Le Crédit Foncier de France rend de grands services, tant aux particuliers qu'aux départements et aux communes. Il emprunte d'une main pour prêter de l'autre ; et l'emprunt, dans ce cas, est un moyen indirect de faire servir une masse de capitaux, inoccupés et improductifs, à des travaux utiles, qui accroissent la richesse générale. Les prêts consentis par le Crédit Foncier sont, avons-nous dit, des prêts à long terme, qui s'éteignent par le paiement régulier d'une annuité dont le chiffre ne dépasse guère l'intérêt ordinaire de l'argent. Il en résulte que le Crédit Foncier contribue à l'amortissement graduel de la dette hypothécaire et à l'affranchissement du sol. C'est en représentation de ces prêts hypothécaires que sont émises les obligations foncières. Ces obligations sont garanties par les immeubles sur lesquels le Crédit Foncier prend une hypothèque en premier rang. Les statuts interdisent d'ailleurs à la société de prêter, sur un immeuble, plus de la moitié de la valeur de cet immeuble. Les porteurs d'obligations foncières ont donc, dans l'ensemble des gages, une garantie représentant, au moins, le double du capital qu'ils ont fourni.

## Chapitre XI.

*Du crédit de l'Etat. — Emission des emprunts. — Les titres de rente.— Rente perpétuelle.— Emprunts amortissables.*

L'exécution de grands travaux d'utilité publique, dont l'urgence est démontrée, les dépenses imprévues et considérables occasionnées par une guerre, tels sont les principaux motifs qui obligent l'Etat à recourir au crédit. Ordinairement, l'Etat emprunte en rentes perpétuelles, c'est-à-dire qu'il s'engage seulement à payer un intérêt annuel et n'est pas tenu au remboursement du capital ; il rembourse s'il veut et quand il veut. Le prêteur a la nation elle-même comme débitrice et peut, d'ailleurs, très facilement rentrer dans son capital, en négociant le titre de rente qu'il a entre les mains.

L'Etat, sans être obligé au remboursement, peut s'engager, pour le cas où il voudrait se libérer, à rembourser un capital supérieur à celui qui lui a été prêté ; on dit alors que l'Etat emprunte *au-dessous du pair*. Lorsqu'il s'engage, pour le cas où il voudrait se libérer, à rembourser un capital égal à celui qu'il a reçu, on dit qu'il emprunte *au pair*. En échange des sommes qu'on lui prête, l'Etat délivre des *titres de rente*. Lorsqu'il fait un emprunt, il met en vente et propose au public d'acheter des titres de rente qui donnent

droit à un intérêt annuel de 5 fr., 10 fr., 100 fr., 1000 fr., etc...
Suivant les circonstances, le titre de rente se vend plus ou
moins cher. L'Etat nous vend, par exemple, 100 francs un
titre de rente de 5 fr.; nous pourrons le revendre soit cent
francs, soit plus de cent francs, soit moins de cent francs.
Le prix d'émission et le prix des reventes successives constituent le cours de la rente. On peut donc acheter à tel cours
et revendre à tel autre.

Lorsque l'Etat rembourse, il ne fait rien autre chose que
racheter le titre de rente. Il emprunte au pair, lorsqu'il reçoit
une somme égale à celle qu'il devra rendre pour racheter
le titre de rente; il emprunte au-dessous du pair, quand il
reçoit une somme inférieure à celle qu'il devra rendre pour
racheter le titre de rente. Voici comment, dans le contrat
qui intervient entre l'Etat et ceux qui lui prêtent, est exprimée cette condition du rachat des titres de rente : lorsqu'on
prête à l'Etat 60 fr. par exemple, et qu'il délivre un titré
de rente de 3 fr., on lui prête, en réalité, à 5 pour 100 ; et
cependant on dira que l'emprunt a été contracté en fonds
3 pour 100, ce qui signifie que, pour déterminer le capital à
rembourser, on doit multiplier l'intérêt 3 par 33,33 au lieu
de le multiplier par 20. Dans cet emprunt, il y a un capital
*réel*, celui que l'Etat a reçu (60 francs), et un capital *nominal*, celui que l'Etat devra rembourser, s'il veut se libérer
(100 francs). Pour 3 fr. de rente, le capital réel étant de
60 fr. et le capital nominal de 100 fr., il y a donc, au profit
du prêteur, une prime de remboursement de 40 fr.; c'est
un avantage que l'Etat lui fait.

Dans les emprunts en rentes perpétuelles, cette prime de
remboursement n'est qu'une éventualité, qui peut ne se
réaliser jamais, puisque l'Etat n'est pas tenu au remboursement. Au contraire, dans les emprunts contractés en obligations amortissables au moyen de tirages successifs (telles
que les obligations de chemins de fer, les obligations fon-

cières 1883, etc...), la prime de remboursement est certaine, puisque tous les porteurs de titres de ces emprunts doivent nécessairement être remboursés dans la période d'amortissement. Mais, dans certains emprunts (notamment ceux émis par la Ville de Paris et le Crédit Foncier), on fait plus : on émet des obligations amortissables avec lots, et l'on décide qu'à chaque tirage, il y aura un certain nombre de lots qui seront gagnés par les premiers numéros sortants. Celui qui prête reçoit, en quelque sorte, en même temps que son obligation, un billet de loterie. Hâtons-nous, au reste, de faire remarquer qu'il n'y a rien de commun entre les loteries ordinaires et les emprunts à lots. Pour le porteur d'un billet de loterie, il n'y a pas de milieu entre la réalisation d'un rêve, d'un espoir presque toujours chimérique et une déception complète. La situation de celui qui a souscrit à des obligations amortissables avec lots est tout-à-fait différente. On se reconnaît débiteur envers lui d'un capital nominal supérieur au capital réel qu'il a versé ; il a la certitude de toucher, tôt ou tard, le capital nominal, ce qui constitue pour lui une prime de remboursement ; en attendant, il reçoit un intérêt raisonnable ; il a, de plus, la chance de gagner quelque lot ; enfin il peut rentrer facilement et quand il veut dans son capital, en négociant son titre.

L'Etat contracte des emprunts en rentes perpétuelles ou ou des emprunts temporaires. Il y a controverse sur la question de savoir lequel de ces deux modes d'emprunt est préférable.

Les emprunts temporaires ont cet avantage que, par la simple exécution du contrat, l'Etat se trouve forcément libéré au bout d'un certain temps. On entend par emprunts temporaires : 1º ceux contractés en « annuités terminables », dans lesquels la prestation annuelle de l'Etat est limitée à un délai fixé d'avance ; 2º ceux que l'Etat contracte en émettant des Bons du Trésor, remboursables à échéance fixe et à bref délai ; 3° ceux contractés en obligations amortissables par voie de tirages au sort successifs. Dans les emprunts en « annuités terminables », les arrérages, que l'Etat paie, chaque année, au créancier, comprennent la restitution d'une partie du capital. Dans les emprunts en obligations amortissables par tirages successifs, le créancier reçoit seulement l'intérêt et même un intérêt un peu moindre qu'en cas d'emprunt en rentes perpétuelles ; mais son capital lui est restitué tout en une fois, plus ou moins augmenté par suite des déductions opérées sur l'intérêt annuel. Les emprunts en obligations amortissables par tirages successifs, avec ou sans lots, sont, en général, favorablement accueillis par le public ; ce mode d'emprunt a été adopté par l'Etat (rente 3 0/0 amortissable), par le Crédit foncier, par les Compagnies de chemins de fer, par la Ville de Paris, etc...

L'Etat, lorsqu'il emprunte, ne fait rien autre chose, avonsnous dit, que vendre des titres de rente. Or, l'émission de l'emprunt peut se faire de deux manières : 1° l'Etat peut procéder par voie d'adjudication, c'est-à-dire de négociation à un banquier ou à un syndicat de banquiers : en ce cas, il vend en bloc tous les titres de l'emprunt à ce banquier ou à ce syndicat de banquiers, qui les revendent en détail ; 2° l'Etat peut procéder par voie de souscription publique ; en ce cas, il fait directement appel aux capitalistes et vend luimême les titres de l'emprunt. Les souscriptions publiques ont un avantage : elles popularisent l'emprunt ; c'est par elles qu'on a réalisé ces emprunts énormes, auxquels on a dû recourir dans certaines circonstances.

## Chapitre XII.

*Des dettes publiques. — Conversion des dettes.*

La *Dette publique* comprend : 1º la dette consolidée, c'est-à-dire contractée en rentes perpétuelles ; 2º la dette contractée en obligations amortissables dans un délai déterminé ; 3º les dettes contractées, à divers titres et sous diverses formes, envers des sociétés anonymes, des chambres de commerce ; 4º la dette viagère ; 5º la dette flottante.

Nous savons en quoi consistent les dettes de la première et de la deuxième catégorie.

Les dettes de la troisième catégorie ont pour cause des travaux publics pour l'exécution desquels l'Etat s'adresse à des Compagnies, à des syndicats, et leur dit : « Procurez-vous par des emprunts les fonds nécessaires ; vous mettrez ces fonds à ma disposition ; je vous rembourserai par une série d'annuités inscrites au budget et représentant, à la fois, l'intérêt et l'amortissement du capital que vous m'aurez avancé. »

Les dettes de la quatrième catégorie se composent principalement des pensions civiles et militaires et des rentes dues à ceux qui ont versé des fonds à la caisse des retraites pour la vieillesse. Cette catégorie de dettes est appelée improprement « dette viagère », puisque les dettes dont il s'agit se perpétuent de budget en budget et ne diminuent pas. Du reste, l'Etat n'emprunte pas en rentes viagères.

Les dettes de la cinquième catégorie constituent la dette flottante, ainsi nommée parce qu'elle varie sans cesse. La dette flottante contraste avec la dette consolidée, pour laquelle on sait exactement ce qu'on devra payer, chaque année, à titre d'intérêts. On range dans cette cinquième catégorie : 1º les dépôts que sont tenus de faire au Trésor certains établissements publics, les communes, les départements, les caisses d'épargne, la caisse des dépôts et consignations, lorsqu'ils ont des fonds libres ; 2º les avances que font au Trésor les Trésoriers-payeurs généraux, sur lesquels le Trésor tire au besoin à découvert ; 3º les sommes qui sont prêtées au Trésor par des particuliers pour 3 mois, 6 mois, 1 an, contre des Bons du Trésor payables à ces mêmes échéances.

Un industriel peut se retirer des affaires, liquider, c'est-à-dire déterminer le chiffre de son actif, celui de son passif, et employer, jusqu'à due concurrence, son actif à éteindre son passif. L'Etat est une grande entreprise qui ne peut pas cesser de fonctionner. Il est impossible à l'Etat de se retirer des affaires, de liquider, de réaliser son actif pour éteindre son passif. Tout ce qu'il peut faire, c'est de réduire sa dette ou d'en alléger le poids par l'*amortissement* ou la *conversion*.

Dans l'*amortissement* comme dans la *conversion*, l'Etat rachète le titre de rente qu'il avait vendu. Il y a néanmoins une grande différence entre l'amortissement et la conversion. Amortir une dette, c'est la payer par fractions ; l'amortissement implique donc le paiement pur et simple, l'extinction de la dette. Dans la conversion, l'Etat rachète le titre de rente, pour le transformer en un autre. L'amortissement, s'il est organisé de manière à fonctionner régulièrement, peut produire d'excellents résultats ; et, pratiqué assidûment, il atteste, chez ceux qui gouvernent, le désir de ménager les ressources de l'Etat.

Le mot *conversion* fait tout d'abord naître l'idée d'un emprunt contracté à des conditions relativement favorables, dans le but de rembourser les porteurs de titres d'un emprunt contracté antérieurement à des conditions plus onéreuses. Mais cette double opération serait dispendieuse et compliquée : il est préférable que les porteurs de titres de l'emprunt antérieur restent créanciers dans les conditions que l'Etat pourrait obtenir de prêteurs nouveaux. Si le porteur d'un titre de l'emprunt antérieur accepte les propositions de l'Etat, son titre est converti en un autre ; il reçoit un nouveau titre. Si, au contraire, il refuse, l'Etat le rembourse. En réalité, la conversion consiste dans un remboursement, un paiement, ou plutôt une dation en paiement ; l'Etat s'acquitte envers son créancier en lui délivrant un titre nouveau. Remarquons d'ailleurs que l'Etat a seulement le droit de rembourser ; il n'a pas le droit d'imposer la conversion.

On dit du créancier qui accepte la conversion de son titre, qu'il est *réduit* de 5 francs de rente, par exemple, à 4 fr. 50. La conversion est une réduction ; et l'Etat n'a pas plus le droit d'imposer la réduction qu'il n'a celui d'imposer la conversion. Il n'a que le droit de rembourser.

Lorsqu'un Gouvernement veut opérer la conversion d'une dette, il espère que les créanciers préféreront cette conversion de leurs titres à un remboursement. Quand cet espoir se réalise, quand le remboursement n'a été demandé par aucun créancier ou n'a été demandé que par quelques-uns, on dit que la conversion a réussi et que le Gouvernement a apprécié sainement la situation. Il en serait autrement, si tous les créanciers ou presque tous venaient demander à être remboursés.

La conversion est une mesure légitime, conforme aux

principes du Droit. Le contrat qui intervient entre l'Etat, qui emprunte, et les capitalistes qui lui prêtent, est le contrat de *constitution de rente*, lequel n'est qu'une des formes du prêt à intérêt. L'Etat agit légalement, lorsqu'il propose au crédi-rentier, c'est-à-dire au créancier, de le rembourser. « On peut, dit l'article 1909 du Code civil, stipuler un intérêt moyennant un capital que le prêteur s'interdit d'exiger. Dans ce cas, le prêt prend le nom de *constitution de rente.* » « Cette rente peut être constituée de deux manières, en perpétuel ou en viager. » (Article 1910). « La rente constituée en perpétuel est essentiellement rachetable. » (Article 1911). L'emprunteur ou débiteur est autorisé à rembourser le capital de la rente quand bon lui semble, à moins qu'il n'ait été convenu que le remboursement n'aurait lieu qu'après un avertissement préalable donné au créancier, ou après un certain délai qui, toutefois, ne peut être fixé à plus de dix ans.

Aucune objection ne s'élève donc, en droit, contre les conversions de rente. « Mais la conversion des rentes échappe-t-elle à toute règle de morale et d'économie politique ? Non, assurément ; l'option entre la réduction de l'intérêt et le remboursement doit être toujours réservée aux créanciers ; autrement, la conversion ne serait qu'une spoliation détournée. L'ancienne monarchie n'a eu, chez nous, que trop souvent recours à ces conversions frauduleuses et violentes qui équivalaient à de véritables banqueroutes. Economiquement et politiquement, il importe de bien choisir le moment où ces conversions doivent être opérées. Il est clair que ce doit être à une époque où réellement l'intérêt a baissé, et dans un temps de prospérité, alors que la richesse publique cherche des débouchés et va d'elle-même à l'Etat (1). »

_____

(1) M. H. Baudrillart. Manuel d'Économie politique, 3º partie, chap. II.

## Chapitre XIII.

*Du commerce extérieur. — Importations et exportations. — Théorie des débouchés. — Du contrat de change. — Bourses de commerce.*

Le commerce *intérieur* comprend tous les échanges qui se font entre les individus habitant le territoire français. Les villes, situées généralement aux points d'intersection des chemins de fer, des routes, des canaux, sont les principaux centres de ces échanges. En outre, les marchés et les foires, qui mettent en présence producteurs et consommateurs, donnent lieu à un grand nombre de transactions commerciales.

Le commerce *extérieur* est celui que la France entreprend avec les autres nations, dans le but de se procurer des choses qu'elle ne peut produire elle-même. C'est le commerce extérieur qui nous fournit le café, le thé, le sucre, le coton, les épices (poivre, cannelle, vanille), et une multitude d'autres choses à la production desquelles notre climat et notre sol ne se prêtent pas, ou que notre industrie nationale ne peut fabriquer. C'est également le commerce extérieur qui nous apporte l'or, l'argent, le diamant, les pierres précieuses. L'échange entre nations n'est, d'ailleurs, rien autre chose que l'échange entre individus de nationalités différentes.

Le commerce extérieur s'effectue au moyen des *importa-* *tions* et des *exportations*.

« La marchandise d'*importation* est celle qu'un pays reçoit du dehors. Tel est le coton brut que la France reçoit des Etats-Unis. La marchandise d'*exportation* est celle qu'un pays envoie à l'étranger. Tels sont les tissus de soie que la France envoie à l'Angleterre. La marchandise *en transit* est celle qui ne fait que traverser un pays pour aller dans un autre. Telles sont, par exemple, les marchandises que l'Angleterre expédie en Suisse et réciproquement, qui ne font que traverser la France. Enfin, quelques marchandises peuvent être *admises temporairement* dans un pays pour y recevoir un complément de main-d'œuvre. Tels sont le blé qu'on envoie dans nos minoteries, où il est converti en farine, la fonte brute, qui est moulée dans nos fonderies, les tissus de laine pure, qui sont imprimés ou teints dans nos manufactures. Les marchandises, quand elles passent la frontière pour entrer ou pour sortir, paient certains droits appelés *droits de douane*... Les droits de douane sont des impôts qui entrent dans les caisses de l'Etat, comme le produit des octrois des villes dans les caisses munici-pales (1). »

La France *importe*, quand elle achète aux nations étran-gères des choses qu'elle-même ne peut produire ou qu'elle a intérêt à faire venir de l'étranger. La France *exporte*, quand elle vend aux nations étrangères des choses que celles-ci ne peuvent produire ou qu'elles ont intérêt à de-mander à notre pays. On importe une marchandise, non seulement dans le cas où l'on ne peut la produire soi-même, mais encore dans le cas où elle coûte moins cher à impor-ter qu'à fabriquer. Le plus souvent, le commerce extérieur consiste en ce que deux pays, qui entretiennent des relations

---

(1) P. Foncin. La France. Géographie économique.

commerciales, échangent des objets qu'ils peuvent, l'un et l'autre, produire, mais qu'ils produisent dans des conditions économiques différentes. Il est évident qu'un peuple a intérêt à se procurer par l'importation les produits qu'il ne peut fabriquer qu'avec de grandes dépenses et dans des conditions désavantageuses.

L'intervention de la monnaie, comme instrument des échanges, ne modifie pas la nature de l'échange. Qu'il s'agisse de commerce extérieur ou de commerce intérieur, ce sont toujours des produits qui s'échangent contre d'autres produits. C'est ainsi que la Russie, par exemple, paie avec du blé, des cuirs et des goudrons, les vins qu'elle demande à la France et les produits manufacturés qu'elle tire de l'Angleterre. « Dans notre état économique fondé sur la division du travail, chaque producteur travaille pour le marché où il compte trouver des gens auxquels il cédera ses produits contre d'autres produits. C'est la grande question de l'*écoulement* des produits, des *débouchés*... Le débouché d'un produit, c'est un autre produit contre lequel il s'échange, et réciproquement : ils ont été créés pour cela. Un artisan fabrique cent paires de chaussures dans l'année ; il se dit : J'en garderai dix pour moi et ma famille, que ferai-je du reste ? J'en donnerai tant au tailleur, tant au boulanger, tant au boucher, etc... Si, au lieu de leur donner directement des chaussures, il leur donne de l'argent, c'est qu'il a d'abord échangé ces chaussures contre de l'argent. En somme, il n'y a jamais qu'un échange de produits et de services, malgré l'intervention de la monnaie qui facilite l'échange... Chaque produit servant de débouché à un autre produit, plus il y a de produits différents, plus facilement chaque producteur trouve un débouché pour son produit. De là la solidarité de toutes les industries, de tous les producteurs (1). »

_____

(1) M. A. Jourdan. Cours analytique d'Economie politique. Chapitre LXIX.

En général, une nation paie ses importations avec ses exportations. La France paie avec ses vins les blés que lui fournit la Russie. Il peut arriver que la France soit obligée de demander à la Russie du blé pour une valeur supérieure à celle du vin que la Russie consomme. La France aura, en ce cas, un supplément à payer en monnaie ; mais comme elle est en relations commerciales avec beaucoup d'autres pays, elle a fait probablement ailleurs, ou fera, l'année suivante, des exportations plus considérables qui rétabliront l'équilibre.

Quel est le montant du commerce extérieur de la France? Les chiffres réunis de l'importation et de l'exportation forment annuellement un total de sept milliards et demi environ. Du 1er janvier au 31 juillet 1885, les importations se sont élevées à 2,517,679,000 fr., et les exportations à 1,786,432,000 fr.

« Dans l'ensemble de son commerce avec les pays étrangers, la France a, du reste, le rang qui témoigne de sa supériorité industrielle, car elle demande surtout des matières premières et donne, en échange, des produits de ses manufactures ; elle achète des soies grèges, des cotons, des laines en suint, pour les rendre en soieries, en étoffes de coton, en draps et en tapis ; les peaux brutes, qui lui viennent aussi en grande quantité, sont renvoyées sous forme de cuirs préparés, de chaussures, de gants, d'objets de mode ; les bois importés se transforment en meubles ; les sucres des colonies et de l'étranger sont raffinés pour être réexpédiés, souvent au lieu d'origine ; les graines oléagineuses servent à fabriquer des huiles et des savons... La France achète aussi des bestiaux pour la nourriture de ses populations, et des houilles pour l'entretien de ses usines ; mais elle contribue, pour une part considérable, à l'alimentation de ses voisins d'Europe, par ses envois de vins, de légumes, de céréales, de fromages, de beurres, d'œufs et de volailles.

Avec l'Angleterre seule, la somme des échanges dépasse
fréquemment 2 milliards de francs dans une seule année ;
avec la Belgique, elle est de plus d'un milliard. Tous les
progrès, que font les nations voisines dans leur mouvement d'échanges, profitent également à la France, puisque
les achats et les ventes se croisent incessamment de pays
en pays, et que les peuples, solidaires les uns des autres,
alimentent mutuellement leurs industries (1). »

Dans le commerce extérieur, la compensation entre les
importations et les exportations s'opère à l'aide du *change*,
qui est l'une des branches du commerce de banque. Expli-
quons, au moyen d'un exemple, ce qu'on entend par le
*contrat de change.*

Un négociant de Reims vend pour 1000 fr. de vin de
Champagne à un négociant en vins demeurant à Londres ;
un marchand de charbons, habitant également la ville de
Reims, achète, en même temps, pour 1000 fr. de charbon
de terre, à un négociant demeurant à Londres. D'une part,
le vendeur français de vin de Champagne est créancier
d'une somme de 1000 fr., qui se trouve entre les mains de
son débiteur anglais, le négociant en vins demeurant à
Londres ; d'autre part, l'acheteur français de charbon de
terre est débiteur d'une somme de 1000 fr. qu'il tient à la
disposition de son créancier anglais, le marchand de charbons demeurant à Londres. C'est alors qu'intervient le *contrat de change*, qui a pour but d'éteindre les deux dettes
sans qu'on ait besoin d'effectuer aucun transport de numéraire. Le négociant en vins, de Reims, se mettra en relations avec l'acheteur de charbon, qui habite également la
ville de Reims, et lui dira : « Vous avez 1000 fr. à payer à
Londres, tandis que j'ai 1000 fr. à y recevoir. Remettez-

---

(1) M. Elisée Reclus. Nouvelle Géographie universelle, tome II.
La France, page 883.

moi, ici, à Reims, la somme de 1000 fr., et je vous cède les 1000 fr. qui sont à ma disposition, sur la place de Londres, où vous les emploierez à payer le marchand de charbons, votre créancier. En d'autres termes, j'échange avec vous les 1000 fr., qui sont à ma disposition sur la place de Londres, contre les 1000 fr. que vous me remettez, ici, à Reims. » Le contrat de change, qui s'exécute au moyen de la lettre de change, consiste donc dans l'échange de deux valeurs existant dans des lieux différents. Le *commerce du change* est le commerce des effets payables à l'étranger et a pour but d'éviter le transport des espèces ; le prix auquel se fait l'opération s'appelle le *cours du change.*

.*.

Les *Bourses de commerce* sont un marché spécial où se réunissent tous ceux qui veulent vendre ou acheter soit des titres de crédit, soit des marchandises en gros ; elles ont été créées principalement dans le but d'activer la circulation des capitaux et de faciliter la transmission des titres qui les représentent. Aux termes de l'art. 71 du Code de commerce, la Bourse est la réunion des commerçants, capitaines de navire, agents de change et courtiers, — réunion qui a lieu sous l'autorité du Gouvernement. Le résultat des négociations et des transactions qui s'opèrent à la Bourse détermine le cours du change, des marchandises, des assurances, des effets publics et autres dont le cours est susceptible d'être coté. Ces divers cours sont constatés par les agents de change et courtiers. (Art. 72 et 73 du Code de commerce).

## Chapitre XIV.

*De la liberté du commerce. — Système protecteur. —
Doctrine du libre échange.*

Cette matière est fort intéressante et, en même temps,
fort délicate ; nous ne pourrions, sans sortir du cadre d'un
ouvrage élémentaire, la traiter avec tous les développements
qu'elle comporte ; aussi nous bornerons-nous à donner un
aperçu des graves questions qu'elle soulève.

Au point de vue économique, la *liberté* consiste en ce que
chaque individu exerce le métier qui lui convient, achète où
il lui plait les instruments de travail et les matières premières, vend ses produits où il lui plait de les vendre, et
en tire le meilleur parti possible en les portant sur le marché, où les prix sont fixés par la libre concurrence entre
vendeurs, d'une part, et entre acheteurs, d'autre part.

Le législateur peut apporter des entraves à la liberté
commerciale dans un triple but :

1º dans un but fiscal, afin de procurer à l'Etat les ressources pécuniaires dont il a besoin (droits sur les marchandises à l'entrée et à la sortie, impôt des patentes, etc.);
il n'y a pas d'objections à faire, en principe, contre les droits
purement fiscaux ; — 2º dans un but de police et pour
garantir l'ordre public, la sécurité, la salubrité (prohibition

de certaines industries malfaisantes, réglementation des établissements dangereux, incommodes et insalubres); en pareil cas, l'intervention du législateur n'est critiquable que si elle devient abusive, vexatoire; — 3° dans le but de supprimer ou de diminuer la concurrence entre vendeurs ou entre acheteurs, afin de favoriser certaines catégories de vendeurs ou certaines catégories d'acheteurs; c'est à ce sujet que s'élève la grande controverse entre les partisans du système protecteur et ceux du libre échange.

Qu'entend-on, en matière d'échanges, par ces mots « prohibition », « protection » ?

Pour protéger contre la concurrence étrangère une branche de l'industrie nationale, la filature de laine, par exemple, on prohibera l'exportation des laines, afin que les filateurs français puissent se procurer la laine à meilleur marché, ou bien on prohibera l'importation des fils de laine, afin de permettre aux filateurs français de vendre leurs fils de laine à un prix plus élevé. C'est là ce qu'on appelle le régime de la protection et de la prohibition, régime qui entraîne nécessairement des atteintes plus ou moins graves à la liberté du commerce. On protège l'industrie nationale, soit en prohibant l'exportation des matières premières indigènes ou l'importation des produits étrangers, soit en établissant des droits protecteurs sur l'exportation des matières premières indigènes ou sur l'importation des produits étrangers.

Passons en revue les principaux arguments invoqués à l'appui du *système protecteur*.

Le droit d'échanger, disent les partisans de ce système, est un droit naturel; mais, comme tous autres droits, il a une limite; et cette limite est déterminée par l'intérêt général. L'Etat, qui a pour mission de veiller au développement de la richesse publique, peut, à cet égard, prendre les mesures qui lui paraissent nécessaires. Sans doute, la protection est une charge, un impôt, mais un impôt parfaitement légitime et profitant, en définitive, à la société tout entière (1). — Le régime protecteur seul permet de favoriser et d'encourager le travail national. En fait, la protection a toujours existé ; elle résultait autrefois de l'état de guerre à peu près incessant, dans lequel vivaient les peuples, et de l'absence ou de l'imperfection des moyens de communication ; puis elle est entrée dans les lois et s'est érigée en système, à mesure que la facilité plus grande des échanges a fait sentir aux divers peuples la nécessité de défendre l'économie de leur travail intérieur, de protéger leur industrie nationale. L'histoire enseigne que les pays, qui n'ont pas eu recours au système protecteur, ont vu leur industrie décliner, leur prospérité commerciale s'évanouir. Supprimer les prohibitions, abroger les tarifs protecteurs, c'est ruiner les industries agricole et manufacturière. Or, qu'est-ce qu'une nation sans industrie manufacturière et sans agriculture ? En cas de guerre, une telle nation ne se trouve-t-elle pas à la merci de l'étranger ? N'est-il pas nécessaire d'assurer au pays, à tout événement, les produits de certaines industries, le blé, le fer, la houille, le salpêtre, par exemple ? Songe-t-on, en outre, au déficit considérable qu'occasionnerait, dans le budget, la suppression des taxes de douanes ? — Tout industriel a un droit exclusif à approvisionner le marché national ; tout peuple doit se réserver son marché. La nation, qui est assez imprévoyante pour ne pas se réserver son marché, voit infailliblement certaines branches de son industrie succomber devant la concurrence étrangère. Cette concurrence entraîne la ruine d'un grand

---

(1) En réalité, la protection consiste à donner à tel ou tel industriel une subvention qui représente la différence entre le prix auquel il aurait vendu ses produits sous le régime du libre échange, c'est-à-dire de la libre concurrence, et le prix auquel il les vend grâce aux tarifs protecteurs.

nombre d'entreprises, le chômage d'une multitude de travailleurs. En somme, le régime protecteur a pour résultat
de favoriser et encourager le travail national, d'accroître
les forces productives et la richesse du pays.

Au système protecteur on oppose la doctrine du *libre
échange.*

L'échange, dit-on, est un contrat dont la liberté est l'élément essentiel ; et le libre échange est le corollaire de tous
les principes de l'Economie politique. Le système protecteur est la violation d'un droit naturel, le droit d'échanger.
L'échange est un droit naturel, aussi bien que la propriété
elle-même. Porter atteinte à ce droit, le restreindre, d'une
façon plus ou moins arbitraire, dans le but de satisfaire la
convenance, de favoriser les intérêts de quelques-uns, c'est
légitimer la spoliation ; — c'est méconnaître les vues de la
Providence, manifestées par l'infinie variété des aptitudes
physiques et intellectuelles de l'homme, par la diversité des
forces naturelles, des climats, des contrées ; — c'est entraver le développement de la richesse publique, en obligeant
tel ou tel individu à donner une fausse direction à ses
facultés, à son travail, à ses capitaux, en détournant le travail et le capital des emplois les plus productifs ; — c'est
accroître, par des moyens artificiels, les causes trop réelles
de division, qui existent entre les différents peuples.

La protection consiste à accorder des privilèges à certaines catégories d'industriels qui réclament des droits protecteurs pour s'assurer le marché national contre les industries similaires existant à l'étranger. « L'effet de tout privilège n'est-il pas d'engourdir l'activité productive et l'esprit
de découverte ? On est sûr du marché national : qu'est-il
besoin de s'ingénier à de coûteux perfectionnements ? —
Quant à la masse des populations ouvrières, est-on bien
venu à prétendre que le système prohibitif lui est favorable ?
Engagé et réparti dans des directions plus naturelles, son

travail serait plus fécond, et dès lors mieux rémunéré. Ce qui n'est pas douteux, c'est que le prix plus élevé, mis à la plupart des objets de consommation, frappe sur elle directement (1). » Le régime protecteur a pour conséquence le renchérissement de tous les objets nécessaires à la vie.

Le libre échange, au contraire, en élargissant le cercle de la concurrence entre vendeurs, a pour effet d'abaisser le prix courant des denrées alimentaires et celui de beaucoup d'autres produits. Grâce à la liberté du commerce, le pays, dépourvu d'une certaine espèce de production, est à même de se procurer le produit qui lui manque, qu'il ne pourrait obtenir qu'au moyen de grandes dépenses, ou dont il serait même, s'il n'avait la ressource de l'échange, obligé de se passer.

Il est évident que la protection accordée à certaines industries est tout-à-fait injuste, non-seulement à l'égard des industries non protégées, mais encore à l'égard de la masse des consommateurs. « Un vice commun à tous les arguments de la protection, c'est de se préoccuper exclusivement de la production, et d'oublier le consommateur auquel la protection fait payer le produit plus cher. Une industrie, qui se sent protégée, reste stationnaire ; à quoi bon perfectionner ses procédés, son outillage, puisqu'on ne redoute pas la concurrence ? La diminution des droits protecteurs est surtout funeste aux industries qui n'étaient pas viables ; elle ne fait souvent que hâter une chute d'ailleurs inévitable. En industrie, comme en toute matière, il faut chercher à résoudre les questions par la liberté (2). »

Enfin le système protecteur tend à nous ramener à l'ancien état d'isolement économique et se trouve en opposition

---

(1) M. H. Baudrillart. Manuel d'Économie politique, 3° partie, chap. VII.

(2) M. A. Jourdan. Le Droit français, ses rapports avec les principes de la Morale et avec l'Économie politique. Chap. LIX.

complète avec notre organisation sociale. « A l'époque où les communications, non seulement entre les peuples, mais même entre les provinces voisines, étaient presque impossibles, où l'état de guerre était permanent, où la sécurité était nulle, où les institutions de crédit faisaient défaut, il fallait bien que chaque pays fabriquât chez lui les objets nécessaires à ses besoins, et, une fois les industries établies sur un point, il fallait bien les protéger pour les empêcher de disparaître. Personne ne réclamait la liberté des échanges, puisque, l'eût-on obtenue, elle eût été à peu près illusoire. Mais il n'en est plus de même depuis que, par les chemins de fer, les télégraphes, les établissements de crédit, les relations internationales sont devenues journalières. La liberté commerciale s'impose malgré tout ce qu'on peut faire pour s'y opposer, parce que les lois économiques sont plus fortes que la volonté des hommes et que les intérêts finissent toujours par dominer la politique. Si nous cherchons à vaincre les obstacles matériels que la nature a semés sous nos pas, ce n'est pas pour nous en créer à nous-mêmes d'artificiels ; si nous jetons des ponts pour franchir les vallées, si nous creusons des tunnels pour traverser les montagnes, si nous perçons des isthmes pour réunir des mers, ce n'       s pour nous laisser arrêter par la barrière factice d'u     if protecteur (1). »

Les partisans de la liberté commerciale n'ont d'ailleurs jamais contesté ni l'utilité accidentelle et temporaire d'une protection sagement appliquée, ni la nécessité d'apporter, dans la mise en pratique du libre échange, certains tempéraments, afin de ménager la transition de l'antique régime des prohibitions à celui de la libre concurrence. D'une part,

---

(1) M. J. Clavé. La situation économique de l'Alsace (*Revue des Deux-Mondes* du 1er novembre 1882).

des tarifs douaniers modérés et progressivement abaissés, en ce qui concerne les produits de l'industrie manufacturière, d'autre part, la franchise pour les matières premières et les denrées alimentaires, telles sont les mesures que réclament la plupart des économistes.

# LIVRE CINQUIÈME

De la consommation de la richesse.

## CHAPITRE Ier.

*Notions générales sur la consommation de la richesse.*

Au point de vue économique, *produire*, c'est donner de l'utilité et de la valeur aux choses qui n'en ont pas, ou augmenter l'utilité et la valeur que les choses ont déjà. *Consommer*, c'est détruire, d'une manière plus ou moins complète, l'utilité et la valeur que possèdent les choses.

Toute richesse produite est destinée à être consommée et sert soit à la satisfaction directe des besoins de l'homme, soit à la production d'une richesse nouvelle. Lorsque la richesse est consommée, anéantie sous sa forme première, pour servir à la production d'une richesse nouvelle, sa valeur se retrouve dans celle du produit obtenu.

La consommation de la richesse est *improductive* ou *productive*.

Un amas de charbon de terre, extrait d'une houillère, brûle accidentellement : cette houille se trouve consommée sans profit pour personne ; il y a consommation, mais

consommation inutile, stérile, *improductive*. Si, au contraire, ce charbon de terre a été brûlé dans un haut-fourneau
et a servi à la fabrication de la fonte et du fer, il y a
également consommation, mais, cette fois, consommation
utile, profitable, *productive*. Dans le premier cas, la valeur
de la houille brûlée est anéantie et ne se retrouve pas; dans
le second, cette valeur est anéantie; mais elle renaît, pour
ainsi dire, et on la retrouve dans la valeur de la fonte et du
fer. Ainsi, lorsque la houille est brûlée dans un haut-
fourneau, il y a consommation productive, puisqu'on obtient
un produit, fonte ou fer, dont la valeur vénale comprend
celle de la houille consommée.

L'activité économique n'est, en somme, qu'une alter-
native incessante de production et de consommation. Il
faudrait qu'il y eût toujours équilibre entre la production,
d'une part, et la consommation, d'autre part. Or, malgré les
apparences contraires, la quantité de richesse produite n'est
pas en rapport avec le besoin général de consommer; il
existe, en effet, un grand nombre d'individus insuffi-
samment pourvus des choses nécessaires à la vie, mal
nourris, mal vêtus, mal logés.

Peut-il arriver qu'il y ait surabondance dans la production
des richesses, et, par suite, encombrement général ? Non;
un tel encombrement n'est guère à craindre. Supposons
qu'actuellement les divers produits s'échangent les uns
contre les autres dans une proportion déterminée. Si l'on
apporte sur le marché une quantité double de tous ces
produits, qu'est-ce qui adviendra ? On échangera deux fois
plus de vin, par exemple, contre deux fois plus de blé, une
quantité deux fois plus grande de tel ou tel produit contre
une quantité deux fois plus grande de tel ou tel autre. A une
offre double correspondra une demande double; en d'autres
termes, chacun se trouvera plus abondamment pourvu des
choses utiles et consommera davantage.

Admettons, d'ailleurs, qu'à un moment donné, dans un pays quelconque, il puisse y avoir excès de production, encombrement général ; un pareil état de choses ne saurait durer. D'une part, la production se restreindrait nécessairement ; aucune nation, en effet, ne s'obstinera à produire trois fois plus de blé, de vin, de vêtements, etc..., qu'elle n'en peut consommer. D'autre part, en pareil cas, l'échange ferait passer, écouler les produits, du pays où ils surabondent dans les pays où ils sont rares.

Au surplus, il est évident que la science économique ne conseille ni n'encourage la production irréfléchie, démesurée ; elle dit aux entrepreneurs d'industrie, aux producteurs : « Produisez avec discernement, en ayant égard à la situation du marché. S'il n'y a pas à craindre un encombrement général, il peut cependant arriver que, par suite d'une production mal dirigée, il y ait surabondance de telle espèce d'objets par rapport à telle autre; pour éviter cet inconvénient, il importe de maintenir, autant que possible, une juste proportion entre les différentes branches de la production. Ne portez pas sur un marché plus de produits que ce marché n'en peut absorber ; enfin ne portez pas telle espèce de produits là où vous savez que personne ne voudra ou ne pourra les acheter. »

Il est un fait remarquable, un fait dont tous les peuples subissent plus ou moins l'influence, c'est l'augmentation de la consommation sous ses formes multiples. La science tient compte de ce fait, puisqu'elle s'applique principalement aux satisfactions matérielles de l'humanité et s'efforce d'accroître le pouvoir de l'homme sur la nature inanimée. « Quelle statistique curieuse à dresser que celle où s'énuméreraient, même sur le point le plus limité de notre territoire, les objets de toute nature consommés aujourd'hui, en les comparant avec leur quotité d'il y a vingt ans seulement, sous le rapport du vêtement, de la nourriture et de l'habi-

tation !.... C'est pour répondre aux progrès de la consommation que la production a doublé ses efforts et cherché les
meilleurs instruments de travail... Consommer plus et
mieux, à l'aide de gains plus considérables, voilà ce qui
fait le fond de toutes les aspirations... Pour consommer
plus, il a fallu produire davantage, plus vite et avec plus de
bénéfices ; et c'est ainsi que l'industrie et le commerce ont
opéré les prodiges dont nous avons été témoins... Quant
à tous ceux qu'effraient notre production hâtive et ses
développements précipités , on peut leur faire observer que
la base de cet échafaudage est solide, qu'une marge bien
grande reste encore ouverte aux bénéfices à venir , puisque
tout repose sur le progrès de la consommation et qu'elle est
bien loin d'avoir dit son dernier mot. En notre pays, qui ne
marche certes pas au dernier rang dans la voie du progrès
matériel, est-ce qu'il n'y a pas encore bien des efforts à faire
pour donner à chacun la part de bien-être auquel il
aspire ? (1) »

---

(1) M. Bailleux de Marisy. Les mœurs financières de la France.
(*Revue des Deux-Mondes* du 15 novembre 1881).

## Chapitre II.

*De l'emploi de la richesse. — Épargne. — Prodigalité et avarice. — Accroissement du capital par l'épargne. — Caisse d'épargne.*

Lorsque s'opère la distribution de la richesse produite, chacune des personnes qui ont concouru à la production reçoit sa part sous la forme d'un revenu en argent (fermage ou loyer, intérêt, salaire, profit). Chaque personne emploie son revenu ou une portion de son revenu à se procurer les objets ou les services dont elle a besoin. Cet emploi du revenu s'appelle la *dépense*. Pour apprécier la dépense, juger si elle est rationnelle ou non, productive ou non, il faut considérer la nature des produits et des services achetés, l'usage qui est fait de ces produits et de ces services.

Il importe que chacun s'applique à *épargner*, c'est-à-dire à régler avec économie ses dépenses personnelles, à éviter, autant que possible, les consommations improductives, et à distraire de son revenu annuel une certaine somme destinée à recevoir un emploi productif. Un individu fait un emploi productif de la somme qu'il a économisée, lorsqu'il donne à son industrie ou à son commerce l'extension qu'ils comportent, lorsqu'il augmente, dans la mesure nécessaire, le capital circulant ou le capital fixe, lorsqu'il réalise des améliorations foncières. Il y a encore emploi productif de la somme épargnée, quand on la prête à l'Etat, ou quand on la place dans une entreprise commerciale, industrielle ou financière, offrant toutes les garanties désirables.

Ainsi, l'*épargne* n'est pas la simple accumulation de pièces de monnaie dans une cachette ou un coffre-fort. *Epargner*, c'est, à la fois : 1° travailler pour produire ; 2° consommer moins qu'on n'a produit ; 3° employer utilement l'excédant de la production sur la consommation ; et ce qui caractérise l'épargne, c'est surtout l'emploi utile de cet excédant. Travail, privation volontaire, emploi utile, tels sont les éléments constitutifs de l'*épargne*.

Le progrès de l'industrie dépend de l'accroissement du capital, et le capital naît de l'épargne. Les prodigalités d'un luxe mal compris, qui sont le contraire de l'épargne, loin de favoriser l'essor de l'industrie, ont pour effet de l'arrêter ; loin de contribuer à la hausse des salaires, elles y mettent obstacle. En effet, la rémunération des travailleurs s'élève, lorsque le capital s'accroît plus vite que le nombre des ouvriers, ou, comme on l'a dit, quand deux maîtres courent après un ouvrier. Or, pour que deux maîtres puissent se disputer un ouvrier sur le marché du travail, il faut que chacun d'eux se soit formé un capital par l'épargne. C'est donc, en réalité, l'épargne qui permet de créer des manufactures nouvelles et d'employer ainsi un plus grand nombre de travailleurs.

Il ne faut pas confondre l'*épargne* et la *thésaurisation*. *Thésauriser*, c'est conserver indéfiniment, par devers soi, la somme économisée, et ne lui donner, par conséquent, aucun emploi productif. L'habitude de thésauriser, qui avait sa raison d'être autrefois, alors que le commerce et l'industrie manquaient d'activité, qu'en outre le crédit était peu développé et imparfaitement organisé, ne se conçoit plus aujour-

16

d'hui et n'est plus en harmonie avec les nouvelles conditions économiques de la société.

La *prodigalité*, défaut qui, presque toujours, se couvre d'un vernis de libéralité, de désintéressement, est l'opposé de l'épargne. Sans doute, l'homme, qui a soin d'épargner, et l'homme prodigue dépensent, l'un et l'autre, leurs revenus, mais ils ne les dépensent pas de la même manière. Le premier achète des produits et des services qui, directement ou indirectement, contribuent à l'accroissement du capital, à l'amélioration du sol, au développement des différentes industries. Le second, au contraire, ne fait pas de ses revenus une source de richesses nouvelles ; il multiplie les consommations improductives et se livre à de folles dépenses. La prodigalité conduit au gaspillage et à la ruine.

Tandis que l'économie politique condamne les habitudes de dépenses imprévoyantes, les consommations intempérantes, les fantaisies déréglées, et en signale les redoutables dangers, certains écrivains, moralistes faciles, érigent la prodigalité en système, le gaspillage et le désordre en moyens de production. En excitant, disent-ils, les hommes à dépenser, on les excite, par cela même, à produire : il faut bien qu'ils travaillent pour se procurer des ressources et subvenir à leurs dépenses. « Pour raisonner ainsi, répond J.-B. Say, il faut supposer qu'il dépend des hommes de produire comme de consommer, et qu'il est aussi facile d'augmenter ses revenus que de les manger. Mais quand cela serait, quand il serait vrai, de plus, que le besoin de la dépense donnât l'amour du travail (ce qui n'est guère conforme à l'expérience), on ne pourrait encore augmenter la production qu'au moyen d'une augmentation de capitaux, qui sont un des éléments nécessaires de la production ; or, les capitaux ne peuvent s'accroître que par l'épargne ; et quelle épargne peut-on attendre de ceux qui ne sont excités que par l'envie de jouir ?... Les prodigues ont grand tort de se glorifier de leurs dissipations. Elles ne sont pas moins indignes de la noblesse de notre nature que les lésineries de l'avare. Il n'y a aucun mérite à consommer tout ce qu'on peut et à se passer des choses quand on ne les a plus. C'est ce que font les bêtes, et encore les plus intelligentes sont-elles plus avisées. Ce qui doit caractériser les procédés de toute créature douée de prévoyance et de raison, c'est, dans chaque circonstance, de ne faire aucune consommation sans un but raisonnable : tel est le conseil que donne l'économie (1). »

« L'*avarice*, dit Montesquieu, garde l'or et l'argent, parce que, comme elle ne veut point consommer, elle aime des signes qui ne se détruisent point. Elle aime mieux garder l'or que l'argent, parce qu'elle craint toujours de perdre et qu'elle peut mieux cacher ce qui est en plus petit volume (2). »
S'il y a, chez le *prodigue*, une déplorable imprévoyance, il y a, à l'inverse, chez l'*avare*, un excès de prévoyance. L'avare se préoccupe de l'avenir, mais d'une façon exagérée et inintelligente. Ne pas consommer ou consommer le moins possible, tel est son système. C'est avec peine qu'il se résigne à faire les dépenses absolument nécessaires. Possède-t-il des immeubles, non seulement il ne les améliore pas, mais encore il néglige de les entretenir. Entasser de l'or, de l'argent, telle est la passion dominante de l'avare.

L'*économie* et l'*épargne*, qui consistent à tirer le meilleur parti d'une quantité quelconque de richesses, de produits ou de services, sont non seulement des vertus domestiques, mais encore des vertus sociales; c'est par elles, en effet, que se forme le capital et que s'accroissent la richesse publique et le bien-être général. La *parcimonie*, cette épargne minutieuse et mesquine qui porte sur les plus petites choses,

---

(1) J.-B. Say. Traité d'Économie politique, Livres III et IV.
(2) Montesquieu. Esprit des lois. Livre XXII, chapitre IX.

est l'exagération de l'économie ; et, par cela même qu'elle
dépasse la mesure, elle est un défaut, mais un défaut peu
grave. L'*avarice*, détestable mélange de cupidité et d'égoïsme,
est un vice odieux, qui dessèche le cœur de l'homme et y
éteint tout sentiment de charité et d'humanité.

L'homme économe, qui épargne, a seul la vraie prévoyance,
la prévoyance intelligente, qui profite et à lui-même et à la
société ; il ne gaspille pas ses revenus, comme le prodigue ;
il ne laisse pas, comme le fait l'avare, ses économies improductives ; il place les sommes épargnées, les prête et les
met, directement ou indirectement, à la disposition de
l'agriculture, du commerce et de l'industrie. Grâce à l'épargne, l'ensemble des fortunes privées s'accroît d'une manière
continue ; et c'est la richesse des particuliers qui constitue
la richesse de l'Etat.

Par l'économie et l'épargne, l'homme riche conserve et
augmente la fortune acquise. Par l'économie et l'épargne,
par une épargne persévérante, l'homme pauvre arrive à
l'aisance d'abord, à la richesse ensuite.

L'épargne, ayant pour effet d'accroître le capital et la
puissance productive, profite à tous ; aussi certaines institutions ont-elles pour but de la faciliter, de l'encourager. La
*Caisse d'épargne*, que les Anglais appellent *saving-bank*,
banque de salut, est destinée à recueillir les petites sommes,
qui sont le fruit de l'économie et qui sont exposées à aller
se perdre on ne sait où. Elle offre à ceux qui ne sont pas
fortunés un moyen de déposer d'une manière fructueuse
leurs économies, et leur conserve, pour des moments de
détresse ou de gêne, des capitaux qu'ils auraient peut-être
consommés en pure perte. Le placement aux Caisses d'épargne est un mode parfaitement approprié aux convenances
de la population ouvrière ; elle y trouve une sécurité com-

plète pour toutes sortes de placements, même les plus minimes, puisque la Caisse d'épargne, pour encourager les
petites économies, reçoit jusqu'à 1 franc ; elle y trouve le
service régulier de la rente, le remboursement à première
demande du capital, et l'accroissement des épargnes, puisque
l'intérêt se cumule chaque année ; elle y trouve enfin une
sollicitation puissante et continuelle à l'ordre et à l'économie,
une assurance contre les maladies, les accidents, le chômage,
une précieuse réserve pour tous les événements prévus et
imprévus de la vie.

Outre les Caisses d'épargne ordinaires, on a, dans le but
de faciliter encore l'épargne, établi, dans chaque bureau de
poste, une caisse dite *Caisse d'épargne postale*. Enfin on a
institué les *Caisses d'épargne scolaires*. Une fois par semaine,
les élèves remettent à l'instituteur les petites sommes dont
ils peuvent disposer ; l'instituteur inscrit ces sommes sur
un registre ; une fois par mois, les versements de ceux qui
ont épargné plus de 1 franc sont transmis à la Caisse
d'épargne qui délivre à l'enfant un livret de déposant.

Il est certain que les Caisses d'épargne ont beaucoup
contribué à populariser la rente sur l'Etat et à répandre le
goût des valeurs mobilières. Le *livret* de Caisse d'épargne a
été, pour les petits capitalistes, la forme primitive de cette
fortune mobilière qui offre de si grands avantages et que
chacun ambitionne aujourd'hui.

## Chapitre III,

*La question du paupérisme. — La charité officielle. — La charité privée.*

La question du paupérisme relève, à la fois, de la Morale et de l'Economie politique. Il y a, sur cette question, parmi les représentants de la science économique, deux tendances distinctes, la tendance optimiste et la tendance pessimiste. « D'après le dire d'un certain nombre d'économistes, principalement Anglais et Allemands, tout ce merveilleux développement de la richesse publique, auquel nous assistons depuis un siècle, n'aurait eu pour résultat que d'accroître le luxe et les jouissances de la classe privilégiée, de celle qui fait travailler, mais n'aurait rien ajouté au bien-être de ceux qui travaillent. La transformation de l'industrie, depuis l'introduction de la vapeur, et l'accroissement de la production n'auraient eu d'autre résultat que de démontrer la vérité de cet axiome émis par Turgot, il y a un siècle : En tout genre de travail, il doit arriver et il arrive que le salaire de l'ouvrier se borne à ce qui lui est nécessaire pour se procurer sa subsistance. D'après cet axiome, une loi fatale opposerait une barrière invincible à tout progrès dans la condition de la classe laborieuse, et toute nouvelle richesse produite ne profiterait qu'à ceux qui possèdent déjà...

A ces affirmations peu encourageantes, l'école optimiste oppose, au contraire, une imperturbable confiance dans le progrès des sociétés... Dans un livre rempli de faits et d'idées, sur la répartition des richesses, M. P. Leroy-Beaulieu s'est efforcé de démontrer que le paupérisme diminue, que l'écart entre les fortunes va en s'abaissant et que la tendance à une moindre inégalité des conditions sera la loi du développement futur des sociétés. Il appuie cette démonstration sur des faits incontestables, sur l'élévation du taux des salaires, sur l'abaissement du prix de certains objets de consommation, sur la diminution de l'intérêt de l'argent, etc... Aussi conclut-il, à l'inverse des économistes allemands, que la question sociale se résoudra graduellement et d'elle-même (en tant, ajoute-t-il prudemment, qu'elle est soluble) par l'action des grandes causes économiques qui sont en travail depuis quelques années (1). »

Nous nous rallions, sans hésiter, à cette seconde opinion. La théorie de l'école pessimiste est, disons-le nettement, aussi fausse que dangereuse : elle est fausse, parce qu'elle ne tient aucun compte, de faits économiques démontrés, notoires ; elle est dangereuse, en ce sens qu'elle n'offre à l'homme, au travailleur, qu'une désolante perspective. Cette théorie, si, par malheur, elle venait à s'accréditer, aurait pour effet de décourager la population laborieuse, d'étouffer en elle toute activité, toute énergie, toute idée de progrès.

Bien que cette plaie sociale, qu'on nomme le paupérisme, n'aille pas en s'aggravant, bien que, d'une façon générale, l'aisance augmente, il n'en est pas moins vrai qu'il existe encore, dans notre société, un grand nombre d'individus, qui endurent toutes les souffrances, physiques et morales,

---

(1) M. Othenin d'Haussonville. La misère à Paris (*Revue des Deux-Mondes* du 15 juin 1881).

causées par les privations, le dénûment, et qui, parfois, succombent sous la cruelle étreinte de la misère. Il appartient aux Pouvoirs publics d'atténuer le mal, c'est-à-dire de venir en aide aux indigents par de sages mesures, par des institutions de bienfaisance, par une bonne organisation de l'Assistance publique, toutes choses qui, d'ailleurs, n'excluent, en aucune manière, le concours volontaire, la libre intervention de la charité privée,

Il est à souhaiter que la charité, officielle ou privée, soit pratiquée largement ; mais il importe qu'elle soit, en toute occasion, exercée avec équité et avec intelligence.

La *charité* est la manifestation du sentiment de pitié que les souffrances d'autrui inspirent à tout homme sensible et généreux. Il y a, dans la pratique de cette vertu, le côté matériel et le côté moral. La charité consiste non-seulement à apporter aux malheureux les secours matériels dont ils ont besoin, mais encore à développer, chez ceux qui souffrent, la force morale nécessaire pour ne pas se laisser accabler par l'adversité. « Toujours il y aura des maux sur la terre, dit Lamennais, et ces maux devront être soulagés toujours... Il est bien des sortes de faiblesse et bien des genres de dénûment ; et toute faiblesse réclame protection, tout dénûment secours. Que serait, sans cela, la société humaine ? Que serait le monde ?... Ayez pour les affligés de ces paroles de l'âme qui tempèrent l'amertume des pleurs. Il n'est point de souffrances que la sympathie n'allége. Qui donne à propos un bon conseil, un sage avertissement, une instruction utile, donne plus que s'il donnait de l'or ; et communiquer ce qu'on sait, répandre la science, c'est semer le grain qui nourrira les générations successives... Respecter la vie, la liberté, la propriété d'autrui ; aider autrui à conserver et à développer sa vie, sa liberté, sa propriété ; ces deux préceptes contiennent en substance les devoirs de justice et de charité. » Puis, au sujet de l'inégalité des fortunes, Lamennais s'exprime ainsi : « Gardez-vous de rêver l'impossible, ce qui ne peut être, ce qui ne sera jamais... L'égalité parfaite, absolue, non des droits (celle-ci constitue l'ordre même), mais des positions et des avantages annexés à chaque position, n'est point dans les lois de la nature, qui a distribué inégalement ses dons entre les hommes, les forces du corps et celles de l'esprit... Le mouvement même de la vie sociale oppose un obstacle invincible à l'égalité des fortunes : établie le matin, le soir elle n'existerait plus ; l'industrie, plus ou moins intelligente, plus ou moins active, la bonne ou mauvaise économie, l'auraient déjà détruite. Et l'on ne doit pas s'en plaindre ; car ce continuel effort de chacun, cet instinctif emploi de ses facultés pour augmenter son propre bien-être, est une des conditions du bien-être général (1). »

L'Economie politique, qui n'approuve qu'avec certaines réserves la charité officielle, n'hésite pas à recommander la pratique de la charité privée, et donne, sur ce point comme sur tous autres, de salutaires avis : elle nous conseille de distinguer la pauvreté, qui est honnête, du vice, qui est dans la gêne ; — de proportionner la nature et l'étendue du secours à la nature et à l'étendue de la misère ; — d'offrir, si cela est possible, non une aumône, mais du travail aux mendiants valides ; — de ne pas encourager, par des dons déplacés, l'oisiveté et la paresse. C'est surtout à la charité privée qu'incombe la charge de soulager toutes ces misères qui ne peuvent attendre, toutes ces infortunes qui n'osent se montrer et qui n'en sont que plus dignes d'intérêt et de sollicitude ; elle seule peut, en pareille matière, agir à propos, avec délicatesse et discernement. « Est-ce à dire que l'Etat n'ait rien à faire ? Non, sans doute ; mais l'Etat

---

(1) Lamennais. Le Livre du peuple. §§ XI et XVI.

doit se préoccuper principalement de tarir, s'il se peut, les sources de la misère individuelle ; et le plus sûr moyen d'approcher de ce résultat, c'est de répandre l'instruction, de propager les saines doctrines, d'élever le niveau intellectuel et moral (1). »

---

(1) M. A Jourdan. Le Droit français, ses rapports avec les principes de la morale et avec l'Economie politique. Chap. XLVI.

## CHAPITRE IV.

*Du luxe. — De quelles causes il procède. — Le luxe abusif.
— Caractère du luxe moderne. — Le luxe public.*

Le *luxe*, en général, est l'usage et la consommation des choses rares et coûteuses. On appelle *objet de luxe* tout objet qui ne répond pas à un besoin rationnel et qui, nécessitant beaucoup de travail, coûtant par suite beaucoup d'argent, n'est à la portée que d'un petit nombre d'individus.

Le luxe est, le plus souvent, contraire à la production bien entendue, à la distribution équitable et à l'emploi judicieux de la richesse ; il crée des besoins mensongers, exagère les besoins véritables, fait naître entre les individus une concurrence de prodigalité, surexcite l'orgueil et n'offre, en définitive, que de vaines satisfactions d'amour-propre. L'histoire des peuples de l'antique Orient, l'histoire de la Grèce et celle de Rome prouvent que le luxe, lorsqu'il est sans frein, exerce sur la société une action dissolvante, engendre le déréglement des idées, corrompt les mœurs.

« Le luxe, dit un savant publiciste, est-il utile ? Voilà ce qu'il s'agit de décider. J'ai lu, je ne sais où, un mot qui me paraît résumer parfaitement le débat. Un financier et un économiste du siècle dernier différaient complétement d'avis à ce sujet. « Je prétends, moi, disait le financier, que le luxe

soutient les Etats. » « Oui, répondit l'économiste, comme la
corde soutient le pendu. » Je suis de l'avis de l'économiste.
Les philosophes de l'antiquité et les pères de l'Eglise ont
condamné le luxe dans les termes les plus violents, et ils
ont eu raison. Il est pernicieux pour l'individu et funeste
pour la société. Le christianisme primitif le réprouve au
nom de la charité et de l'humilité, l'Economie politique au
nom de l'utilité, et le Droit au nom de l'équité (1). »

La *vanité*, les *recherches de la sensualité*, l'*instinct de
l'ornement*, le *goût de la parure*, l'*amour du changement*,
tels sont les divers principes du luxe, telles sont les sources
du penchant au luxe.

Personne n'ignore ce qu'est cet orgueil déplacé qui se
nomme la *vanité*. On veut se distinguer des autres, paraître
au-dessus des autres. La foule admirant la richesse, étant
en extase devant la puissance, on aime à passer pour riche
et puissant. Or, le luxe est, aux yeux du vulgaire, un signe
de richesse et de puissance. « A défaut de la vraie gloire ou
de la solide estime qui sont le prix de services éclatants, de
hautes qualités morales ou intellectuelles, on recherche la
considération qui s'attache à toute force, à toute puissance
sociale, et la richesse en est une. De là vient qu'on fait
montre de la richesse, et que, quand on n'est pas riche, on
veut le paraître. C'est le luxe de vanité et d'ostentation.
C'est le luxe qui donne le moins de satisfactions réelles (2). »

La *sensualité* est un attachement immodéré aux plaisirs
des sens. L'homme aime à multiplier ses sensations agréables,
à les rendre de plus en plus vives. Le goût raffiné des
jouissances matérielles dégénère facilement en sensualité,

---

(1) M. de Laveleye. Les apologistes du luxe et ses détracteurs.
(*Revue des Deux-Mondes* du 1er novembre 1880).

(2) M. A. Jourdan. Cours analytique d'Économie politique. Chapitre LXXX.

On peut, sans dépenser trop, accorder aux sens les satisfactions légitimes, et si l'on s'en tient au bien-être matériel, au confortable, on ne se ruinera pas. Grâce aux progrès réalisés dans l'art de produire la richesse, nous sommes à même de nous procurer, en abondance et à des prix modérés, tous les objets utiles. Qu'est-ce qui donne lieu à des dépenses excessives? Ce sont les recherches de la sensualité. Aussi, l'Economie politique condamne, d'une manière absolue, ces raffinements d'un luxe abusif, qui entraînent nécessairement la consommation de choses rares et coûteuses, qui anéantissent des valeurs immenses et qui ne procurent à l'homme aucune satisfaction rationnelle.

L'*instinct de l'ornement* a donné naissance aux arts décoratifs, tels que la peinture, la sculpture, l'architecture. L'amour du beau et le goût de l'ornement, lorsqu'il n'y a d'ailleurs ni profusion, ni excès, méritent d'être encouragés. « L'homme est porté naturellement à orner tout ce qui l'environne ou le touche, sa demeure, ses édifices publics, et d'abord ses ustensiles, ses habits, sa personne. Dans le dernier cas, l'*instinct de l'ornement* s'appelle le *goût de la parure*, goût plus personnel. Mais l'homme aime à orner pour orner. De là naît le luxe des *arts décoratifs*. Noble luxe, mais sujet aussi à bien des écarts. La fantaisie règne trop souvent en souveraine dans cette partie du luxe.... L'instinct de l'ornement s'est prêté à des abus immoraux et ruineux, bien des fois signalés dans le cours de l'histoire. Pourtant, qui oserait le dénigrer? qui se résignerait à bannir une partie notable de l'architecture, de la sculpture, de la peinture, tant d'arts délicats et charmants, et le groupe varié, sans cesse accru, des arts dits *industriels* et des arts *somptuaires?* (1). »

_____

(1) M. H. Baudrillart. Histoire du luxe privé et public. Tome I, Livre I, chap. I.

Le *goût de la parure*, de la toilette, de l'élégance, qui
tient au désir de plaire, n'a rien de répréhensible, pourvu
qu'il se renferme dans des bornes raisonnables et n'occasionne pas de folles dépenses.

*L'amour du changement* se manifeste par les caprices de
la *mode;* on est en quête du mieux, et souvent il arrive
qu'on rencontre le pire. L'assujettissement à la mode, c'est-
à-dire à ces usages passagers, subordonnés au goût et à la
fantaisie de ceux ou de celles qui donnent le ton, contribue
à rendre les esprits frivoles. « Ceux qui se piquent d'élégance, dit un écrivain du XVIIᵉ siècle, sont obligés de se
faire de leurs habits une occupation considérable et une
étude qui ne sert pas assurément à leur élever l'esprit, ni à
les rendre capables de grandes choses (1). » Mais la servitude de la mode a un autre inconvénient. « La mode a le
privilége d'user les choses, avant qu'elles aient perdu leur
utilité, souvent même avant qu'elles aient perdu leur frai-
cheur ; elle multiplie les consommations et condamne ce qui
est encore excellent, commode et joli, à n'être plus bon à
rien. Ainsi la rapide succession des modes appauvrit un Etat
de ce qu'elle consomme et de ce qu'elle ne consomme
pas (2). »

Le luxe abusif et immoral consiste à consommer, pour la
satisfaction de besoins factices et déraisonnables, des objets
qui ont coûté beaucoup de travail et d'argent. Alors que le
travail est si nécessaire pour procurer aux hommes les
choses qui leur sont utiles, alors que tant d'individus vivent
encore dans un état de dénûment à peu près absolu, il n'est
ni honnête, ni juste, d'employer une grande partie des
forces productives du travail et du capital à créer des objets
superflus, qui ne sont à la portée que d'un petit nombre de

---

(1) Fleury.
(2) J.-B. Say. Traité d'Economie politique. Livre III, chap. IV.

personnes. Toutefois, un certain luxe, modéré et de bon
aloi, non seulement est permis, mais encore est indispensable comme stimulant au travail ; car la recherche du strict
nécessaire ne serait pas un aiguillon suffisant. Mais ce que
la science condamne, au nom de l'utilité sociale, c'est le
luxe abusif, qui se résume toujours en consommations improductives. « On tire un feu d'artifice de 200,000 francs :
le philosophe, le théologien et l'économiste désapprouvent.
Au contraire, les badauds applaudissent : l'argent ne reste-
t-il pas dans le pays ?... Sans doute, l'argent reste, mais la
richesse que ce numéraire représentait a disparu. Il y avait,
dans le pays, deux capitaux, l'un en monnaie, l'autre en
poudre qui pouvait servir à extraire du sol la houille et les
minerais ou à percer les montagnes et les isthmes, pour
donner passage aux navires et aux locomotives. Le feu
d'artifice est tiré, il ne reste plus que la monnaie. Le second
capital s'en est allé en fumée. Consommer est toujours
détruire. Ce qu'il importe de voir, c'est si cette destruction
a donné, comme compensation, satisfaction à des besoins
réels ou créé quelque nouveau moyen de production... Ce
qu'il faudrait surtout extirper de l'opinion, c'est cette erreur
fondamentale de croire que le luxe est économiquement
utile, parce qu'il alimente le travail. Ce qu'on devrait bien
comprendre, c'est que l'ostentation, l'oisiveté et la débauche
gaspillent les ressources qu'on pourrait si avantageusement
utiliser ailleurs... Le luxe, qui est l'emploi égoïste et déréglé
de la richesse, est absolument condamné par la morale
chrétienne (1). »

Enfin, le luxe abusif est, relativement à l'individu, à la
fois un signe et une cause d'affaiblissement moral ; il exerce
une influence funeste sur la famille, sur les mœurs. « On a

(1) M. de Laveleye. Les apologistes du luxe et ses détracteurs.
(*Revue des Deux-Mondes* du 1er novembre 1880).

donc eu raison de faire un axiome de cette proposition : le luxe amollit. On n'a pas eu moins de droit d'ajouter : le luxe corrompt. Il détruit la virile énergie des âmes par des goûts de jouissances et d'orgueilleuses frivolités : il tue l'esprit de sacrifice sans lequel nulle société ne subsiste; il ôte à la fois l'impulsion vive au bien et la résistance au mal. On vit pour les plaisirs. Plus de chose publique. Historiens et moralistes sont unanimes à montrer la dissolution amenée par le culte des aises et des raffinements, et par l'abaissement des caractères qui en est l'effet (1). »

Il faut reconnaître que le luxe moderne diffère avantageusement de celui des âges précédents et surtout du luxe antique : il tend, en général, à une satisfaction plus large, plus complète des besoins réels et rationnels. Au reste, cette tendance n'est pas nouvelle ; au XVIIIᵉ siècle, elle commençait à se manifester. « On est parvenu enfin, écrivait Voltaire en 1750, à ne plus mettre le luxe que dans le goût et dans la commodité. La foule de pages et de domestiques de livrée a disparu, pour mettre plus d'aisance dans l'intérieur des maisons. On a laissé la vaine pompe et le faste extérieur aux nations chez lesquelles on ne sait encore que se montrer en public et où l'on ignore l'art de vivre (2). »

A notre époque, dans toutes les classes de la société, l'on aime et l'on recherche la propreté, la commodité, le confortable. Renfermé dans de justes limites, ce luxe répond assurément à des besoins fort légitimes. Toutefois, le luxe d'aujourd'hui a ses côtés faibles qu'il importe de signaler. « Tout le monde veut avoir le même genre de luxe, porter du velours, avoir des bijoux, de l'argenterie, des objets d'art. Qu'arrive-t-il ? Ce velours est du coton ; cette argen-

(1) M. H. Baudrillart. Histoire du luxe privé et public. Tome I, livre I, chap. IV.

(2) Voltaire. Le Siècle de Louis XIV. Chapitre XXIX.

terie est du ruolz; ces bijoux et ces objets d'art sont des produits industriels sans aucune valeur artistique,.., Ce qui est plus grave, au point de vue économique et moral, c'est qu'il y a trop de gens qui veulent porter des vêtements de soie, alors que leur bourse s'accommoderait mieux d'un vêtement de laine. Considéré en lui-même, dans son objet, le luxe est aujourd'hui généralement plus raisonnable, et porter de la soie n'est pas plus choquant que porter de la laine; mais encore faut-il équilibrer son budget et ne pas grossir le chapitre de la toilette aux dépens d'autres plus importants, surtout aux dépens du chapitre de l'épargne (1). »

Il existe un genre de luxe qu'on appelle le luxe *public* et que la science accepte, s'il ne dépasse pas certaines bornes. Ce luxe répond, en général, à des besoins élevés, et présente, au double point de vue matériel et intellectuel, des avantages que l'économiste ne saurait méconnaître. « Tantôt il invite la masse à jouir de certains agréments et avantages matériels, comme sont les jardins publics, les fontaines, etc , ou des distractions du théâtre. Tantôt il ouvre les trésors du beau aux multitudes sevrées de la possession des œuvres de la statuaire et de la peinture. Il a pour l'art des musées, comme il a des bibliothèques pour les sciences et les lettres, et des expositions pour l'industrie. Sous toutes les formes, enfin, ce luxe collectif, dont tous font les frais par l'impôt, s'il est bien dirigé, profite à tous. Il exerce une influence heureuse sur la richesse publique; il élève le niveau et féconde le génie de l'industrie. Ce luxe n'a-t-il pas un autre mérite éminent, celui d'ôter au faste ce qu'il a, chez les simples particuliers, d'égoïste et de solitaire? Oui, louons-le de mettre à la portée de la foule des biens dont le riche jouit seul, ou ne fait jouir momentanément qu'un petit nombre

---

(1) M. A. Jourdan. Cours analytique d'Économie politique. Chapitre LXXX.

de personnes... Le luxe privé risque de développer la vanité et l'égoïsme ; le luxe public peut jeter l'âme en dehors d'elle-même, lui inspirer, par l'admiration et les souvenirs qu'il rappelle, les grands sentiments qui suscitent l'esprit de désintéressement, parfois même de dévouement... La prédication par les arts, qui enseigne par les yeux le bien et le beau, sans avoir l'air d'y prétendre, et par là d'une façon d'autant plus délicate et plus efficace, voilà donc le programme que nous oserions proposer à la démocratie française (1). »

Le luxe public, lorsqu'il se manifeste par l'exécution de certains travaux d'utilité générale ou d'embellissement, par la création d'œuvres d'art en architecture, en sculpture ou en peinture, lorsque d'ailleurs il est de bon goût, devient un excellent moyen d'éducation nationale.

La Morale ne blâme pas les saines et nobles jouissances que procurent les beaux-arts ; elle ne méconnaît pas la valeur, l'importance des biens matériels ; mais elle enjoint de s'attacher aux vrais biens et de mépriser les faux ; elle met la science et la vertu au-dessus de la vaine ostentation, au-dessus de l'égoïsme avide et sensuel ; elle ordonne de fuir le luxe abusif, le mauvais luxe qui abaisse les âmes et les caractères et qui est un fléau ; elle conseille de se défier même du luxe raisonnable, parce que la pente est glissante, parce que l'amour excessif des jouissances, même honnêtes et permises, a ses dangers.

L'Economie politique, qui se place au point de vue de l'utilité sociale, n'approuve que ce luxe modéré, ce luxe relatif qui suscite le travail réellement productif et qui tend à créer plus de valeurs, plus de capitaux qu'il n'en détruit.

---

(1) M. H. Baudrillart, Histoire du luxe privé et public. Tome I, Livre II, Chap. I et tome IV, Livre IV, chap. V.

## CHAPITRE V.

*Les finances publiques. — Emploi des revenus de l'Etat.*

Pour accomplir la mission dont il est chargé, l'Etat
achète des produits et des services, consomme une grande
quantité de richesse. L'*impôt* et l'*emprunt* lui fournissent
les ressources nécessaires pour subvenir aux *dépenses publiques*. Il est évident d'ailleurs que l'impôt et l'emprunt ne
sont légitimes que si l'on fait un bon emploi des deniers
qu'ils procurent. Ce qui concerne l'impôt et l'emprunt,
l'administration de la fortune nationale, la mise en œuvre
des revenus publics, fait l'objet d'une science particulière,
appelée la science des finances, qui n'est rien autre chose
que l'application des principes de l'Economie politique à la
gestion des finances publiques.

On peut, à divers points de vue, assimiler l'Etat à un particulier : de même que les particuliers, il a un patrimoine ;
il est propriétaire, créancier, débiteur ; il est apte à plaider
comme demandeur ou défendeur ; il a des charges, dépenses
ordinaires ou extraordinaires, auxquelles il . pourvoir,
soit au moyen de ses ressources ordinaires, qui sont les
revenus de son domaine et l'impôt, soit en se procurant des
ressources extraordinaires au moyen de l'emprunt. Les
enseignements de l'Economie politique sur la consomma-

tion, l'emploi de la richesse, sont, en général, applicables à l'Etat.

Un particulier doit, avant de songer à l'épargne, pourvoir, avec ses revenus, à certaines dépenses personnelles, qui sont les conditions essentielles de l'existence et qu'on peut appeler dépenses obligatoires. De même, l'Etat doit, avec ses revenus, pourvoir à certaines dépenses nécessaires, obligatoires, celles qu'exige le maintien de la sécurité et de l'ordre publics.

D'après son étymologie, le mot *économie* signifie l'administration d'une maison, l'ordre dans la dépense d'une maison, d'un ménage. Au point de vue de la science, l'économie consiste à tirer le parti le plus profitable d'une quantité quelconque de richesses, de produits ou de services. L'Etat est tenu, dans la gestion de sa fortune, de tirer le meilleur parti des richesses, des produits et des services, dont il dispose. Il peut et doit épargner ; pour lui comme pour un particulier, l'épargne est la capitalisation d'une portion du revenu. En ce qui touche l'Etat, cette capitalisation consiste dans l'augmentation et le perfectionnement du grand outillage que la société met à la disposition de l'industrie et du commerce (chemins de fer, routes, canaux, postes et télégraphes, etc...) L'Etat doit-il thésauriser, en vue d'événements qui pourraient l'obliger à des dépenses urgentes et considérables ? L'utilité d'une accumulation, plus ou moins grande, de réserves métalliques dans les caisses de l'Etat est fort contestable. Dans un pays riche, dont le crédit est, pour ainsi dire, illimité, l'Etat, en cas de nécessité, attire facilement à lui, par la voie de l'emprunt, les réserves métalliques qui sont entre les mains des particuliers.

Lorsque l'Etat se propose d'entreprendre de grands travaux, il examine la question de savoir si les travaux projetés présentent une utilité suffisante eu égard à la dépense qu'ils doivent occasionner ; il considère principalement l'accroissement de richesse qui pourra en résulter. Si les travaux, mis à exécution par l'Etat, sont réellement utiles, s'il en résulte, pour la société, un accroissement de production, de circulation, de consommation, cette augmentation de richesse se traduit en plus-values dans le rendement des impôts.

Les travaux, dont nous venons de parler, sont entrepris en vue de la prospérité agricole, industrielle, commerciale ; il en est d'autres qui ont pour but de favoriser le développement, les progrès de l'instruction publique. Les intérêts moraux et intellectuels du pays sont placés sous la sauvegarde de l'Etat : les travaux, exécutés dans le but de donner aux intérêts de ce genre une satisfaction plus complète, sont éminemment utiles. Toutefois, pour ces travaux comme pour tous autres travaux publics, l'Etat doit procéder avec mesure et proportionner les dépenses aux ressources dont il dispose.

Pour que les travaux, dont l'utilité a été reconnue, soient exécutés et achevés sans retard, l'Etat a généralement recours à l'emprunt. Comme les grands travaux d'utilité publique ne doivent ni être mis entièrement à la charge de l'impôt, ni grever indéfiniment l'avenir, le mode d'emprunt, qui, en cette matière, convient le mieux, est l'emprunt amortissable dans un laps de temps déterminé.

« L'Etat, dit un savant économiste, est l'association générale ; s'il protége les individualités, il doit, en même temps, songer au développement et au progrès de l'association générale. Il est, pour ainsi dire, le conseil d'administration de la société civile, et c'est pour cela qu'il ne s'en tient pas à la production indirecte et qu'il se livre à la production directe. Où en serions-nous si l'Etat s'en était remis complètement à l'action des intérêts individuels et à l'influence de l'association uniquement volontaire ?... Que serait devenue la société civile, si les gouvernements s'étaient renfermés dans un rôle négatif, s'ils s'étaient bornés à empêcher les luttes entre les intérêts individuels? Nous serions encore dans les misères du moyen-âge... Les dépenses publiques sont souvent un bienfait pour des gens qui, sans elles, ne profiteraient en rien de la richesse générale. Quand l'Etat travaille pour assurer à tout le monde une certaine instruction, que fait-il, sinon une grande œuvre d'association? Ce que je dis de l'instruction publique, on peut le dire de bien d'autres choses. Lorsque l'Etat assainit des quartiers, perce des rues nouvelles, fait circuler l'air et la lumière là où auparavant on ne voyait que ténèbres, misères et saleté, ces dépenses ont-elles lieu au profit du riche, qui peut aller trouver la lumière et la salubrité où il veut? Non, c'est au profit de ceux qui, sans cela, ne jouiraient jamais de ces avantages... L'association générale n'est donc autre chose que la société civile elle-même. Les dépenses publiques sont le moyen de la rendre utile, productive, profitable non à quelques-uns, mais à tous. C'est là le point capital, c'est là le mètre avec lequel il faut mesurer l'utilité des impôts. Il faut se demander si leur emploi est réellement dirigé dans le sens de l'utilité générale; il faut se demander si cet emploi fait faire, chaque année, à la société civile tout entière, un pas en avant dans la carrière du développement et de la prospérité (1). »

L'impôt a ses avantages et ses inconvénients ; il en est de même de l'emprunt. La question de savoir si l'un est préférable à l'autre, ne comporte donc pas une réponse absolue. Toutefois, dans un cas particulier, cette question devrait être résolue en faveur de l'emprunt. Supposons que l'Etat soit obligé de pourvoir, dans un bref délai, à une dépense

(1) Rossi. Cours d'Economie politique. Tome III.

exceptionnelle et considérable, d'avoir à sa disposition une somme de 1 milliard, par exemple. Faudra-t-il demander cette somme à l'impôt? Faudra-t-il la demander à l'emprunt? On donnera la préférence à l'emprunt. Pourquoi? Parce que l'emprunt offre un double avantage : d'une part, on obtient la somme immédiatement; d'autre part, on ne grève le budget que de l'intérêt de la somme empruntée. Le recours à l'impôt présente, au contraire, en pareil cas, un double inconvénient : 1º les ressources provenant de l'impôt ne sont pas réalisables immédiatement; 2º on astreint les contribuables à supporter une charge accablante pour quelques-uns, lourde pour tous. L'impôt pèse sur tous les habitants et frappe le contribuable, que celui-ci ait ou non, sous la main, la somme demandée. L'emprunt n'exige aucun sacrifice, prend les capitaux là où ils se trouvent, et, le plus souvent, est, pour le prêteur, une affaire avantageuse. Tandis que l'impôt grève le présent, l'emprunt rejette sur l'avenir la charge du capital emprunté. Un système intermédiaire consiste, avons-nous dit, à contracter des emprunts amortissables dans un laps de temps déterminé.

En ce qui concerne les ressources que l'impôt procure à l'Etat, il y a lieu de remarquer que, dans les pays civilisés, le rendement des impôts donne, chaque année, une plus-value. En France, cette plus-value varie entre 70 et 120 millions de francs. C'est là un phénomène économique qui s'explique facilement. « Chez les nations modernes où la population augmente et où l'aisance s'accroît par l'épargne, par l'accumulation des capitaux, par les inventions de la science et les progrès industriels, les impôts doivent donner, chaque année, un produit croissant. En France, la population grandit de 100,000 âmes tous les ans, et c'est bien peu : voilà donc 100,000 consommateurs nouveaux qui, à eux seuls, toutes choses restant égales, doivent faire hausser d'un trois-cent-soixantième, soit de 7 à 8 millions de francs, le rendement des impôts ; mais c'est là la moindre cause de plus-value. Dans le même pays, l'épargne capitalise, chaque année, 2 milliards de francs environ, qui viennent grossir la richesse nationale et l'augmentent de plus d'un centième ; voilà encore une seconde cause qui doit ajoute· de 25 à 30 millions par an au produit des taxes. Enfin, les progrès industriels et les découvertes de la science viennent aussi, chaque année, augmenter la productivité du travail national, et c'est encore une cause de développement des transports, des transactions, de la consommation, par conséquent, du produit des droits dont les consommations, les transactions et les transports sont grevés (1). »

L'État est intéressé à ce que chaque individu fasse de sa fortune un bon emploi et affecte annuellement à l'épargne une portion de son revenu. L'épargne, en effet, est la source qui fournit à l'État les fonds dont il a besoin, et à laquelle il puise, au moyen de l'impôt et de l'emprunt. Le législateur doit donc protéger l'épargne et lui donner une entière sécurité : il faut que chacun ait la certitude de conserver son capital et de jouir des revenus de ce capital. En outre, le Gouvernement doit accorder son patronage aux institutions propres à encourager l'épargne, à en inspirer le goût. Il importe que ces institutions offrent au public de sérieuses garanties et fonctionnent sous la haute surveillance du Gouvernement.

---

(1) M. Paul Leroy-Beaulieu. La situation financière et économique de la France. (*Revue des Deux-Mondes* du 1er avril 1882).

## Chapitre VI.

*Unité des trois sciences sociales : la Morale, l'Economie politique et le Droit.— L'Economie politique et la doctrine rigoriste.*

Il est impossible de méconnaître la haute moralité de la science dont nous avons exposé les principes généraux.

L'Economie politique, on l'a vu, considère la *propriété*, comme étant la base de l'ordre social ; elle enseigne que la *propriété individuelle* est *nécessaire et légitime* ; elle défend la propriété foncière contre des attaques aussi imprudentes qu'injustes.

La science économique met constamment en jeu les grandes idées de justice, de liberté, de responsabilité. Il est une maxime dont elle ne cesse de s'inspirer, c'est que *la liberté est le fond de la nature humaine*. S'agit-il de la production de la richesse, la science économique préconise la liberté du travail, le libre exercice du travail et de l'industrie. S'agit-il de la répartition de la richesse, elle affirme que la répartition, pour être équitable et rationnelle, doit se fonder à la fois sur la propriété individuelle et sur la liberté des conventions. S'agit-il enfin de la circulation de la richesse, elle réclame énergiquement la liberté des échanges, la liberté commerciale.

Nous sommes en mesure de comprendre l'unité des trois grandes sciences sociales.

La Morale est la science du bien et du mal. Or, sans la liberté, il n'y a pas de responsabilité, il n'y a ni bien ni mal. Le Droit est la science du juste et de l'injuste, la science de l'ordre social : il indique les moyens de mettre la liberté de chacun en harmonie avec la liberté de tous. Si vous supprimez la liberté, vous n'avez plus l'ordre véritable ; sous une forme ou sous une autre, vous avez le régime de la force.

Qu'est-ce que l'Economie politique elle-même, sinon la science de la liberté et de la justice appliquées à l'industrie humaine ? Que seraient, sans la liberté, toutes ces opérations de production, de répartition, d'échange, etc..., sinon des actes purement mécaniques ?

Mais que faut-il entendre par « la liberté » ? La liberté dont nous parlons n'est pas une indépendance absolue, qui engendrerait fatalement la confusion, l'anarchie, le désordre ; c'est *la liberté éclairée par la Morale, guidée par la science économique, contenue et disciplinée par le Droit.*

La Morale dit aux hommes : « Soyez honnêtes ; soyez charitables ; aimez-vous les uns les autres. » L'Economie politique leur dit : « Travaillez avec ardeur ; associez vos efforts de la façon la plus intelligente, afin de vous procurer facilement et en abondance les choses nécessaires à la vie. » Le Droit leur dit : « Soyez justes ; respectez le bien et la liberté d'autrui ; soyez fidèles à vos engagements. »

Chacune de ces sciences a, sans doute, un domaine qui lui est propre. Mais toutes les trois tendent au même but et se prêtent un mutuel appui ; elles s'adressent à l'homme et lui apprennent à faire un bon usage de son intelligence et de sa liberté. Considérées d'un point de vue élevé, elles montrent le sublime et éternel accord de l'honnête, de l'utile et du juste.

A notre époque, toutes les questions sociales et économiques sont soulevées, sont à l'ordre du jour. Ces graves questions donnent naissance à des opinions plus ou moins réfléchies, plus ou moins hasardées, à des systèmes dans lesquels l'utopie prévaut trop souvent sur la raison.

L'étude de la science économique, de la science sociale par excellence, est le meilleur moyen de se prémunir contre certaines théories dangereuses, de se mettre en garde contre les sophismes et les paradoxes.

A la vérité, bien des gens s'imaginent que le bon sens suffit pour comprendre et traiter les questions sociales et économiques. C'est là une profonde erreur. De même que, pour discuter et résoudre une question de droit, les lumières de l'équité naturelle ne sauraient suppléer à la connaissance du Droit et des lois, de même, lorsqu'il s'agit des questions sociales et économiques, le simple bon sens ne peut, en aucune façon, suppléer à la connaissance de l'Economie politique.

La science économique s'impose en quelque sorte, parce qu'elle a une utilité générale incontestable. Elle est utile à l'industriel, au négociant, au financier, à celui qui s'occupe simplement de la gestion de sa fortune. Elle fait disparaître bien des idées fausses sur la richesse, le capital, la propriété, l'échange, le crédit, etc.; elle rectifie bien des notions inexactes sur les rapports sociaux, au point de vue de la production et de la répartition de la richesse, sur le rôle de l'Etat dans le monde du travail et de l'échange ; elle guérit de bien des préjugés. Enfin elle est le plus sûr auxiliaire de cet art difficile, qu'on nomme la Politique, c'est-à-dire l'art de gouverner une nation. Si l'homme d'Etat doit s'inspirer des préceptes de la Morale et des règles du Droit, n'est-il pas obligé aussi de tenir le plus grand compte des nécessités économiques?

* * *

Parmi les moralistes et les théologiens, quelques-uns se montrent hostiles à l'Economie politique ; ils lui opposent les théories de certains philosophes de l'antiquité, tels que Platon, Cicéron, Sénèque, Pline l'Ancien ; ils lui opposent également la doctrine de l'Evangile. « L'Economie politique, disent-ils, est la science de la richesse. Or, à quoi sert d'étudier la richesse ? Le passage de l'homme sur la terre n'est qu'un accident par rapport à sa destinée immortelle ; le ciel est la véritable patrie de l'homme. En attendant le jour du rapatriement, l'homme doit se détacher, autant que possible, des biens terrestres. On enseigne la science de la richesse ; c'est le mépris de la richesse qu'il faut enseigner. »

N'y aurait-il pas là un malentendu ? On peut dire, sans doute, que l'Economie politique est la science de l'utile ou de la richesse. Mais l'Economie politique met-elle la richesse au-dessus de tout ? Non certes. Prêche-t-elle l'amour, le culte de la richesse ? En aucune manière. Elle n'enseigne ni l'amour, ni le mépris de la richesse ; elle enseigne *la vérité sur la richesse.*

L'économiste ne glorifie ni ne dénigre les biens matériels ; il constate des faits positifs, appelés phénomènes économiques ; il cherche à les comprendre, à les apprécier ; il démontre qu'il y a des lois d'ordre économique, comme il y a des lois d'ordre moral et des lois d'ordre physique; partant de là, il étudie les lois qui régissent les phénomènes économiques, celles qui président à la production, à la répartition, à la circulation et à la consommation de la richesse.

Après tout, qu'est-ce donc que la richesse? Ce n'est pas seulement l'or, l'argent, les pierres précieuses, les objets de luxe. Pour l'économiste, la richesse, c'est le pain, le vin, la masse des produits alimentaires ; ce sont les maisons qui nous abritent, les étoffes dont nous sommes vêtus, les livres qui nous instruisent, etc. ; en un mot, c'est l'ensemble des choses propres à satisfaire nos besoins matériels et intellectuels.

Nous avons une double nature : physique et morale. Notre âme immortelle est passagèrement revêtue d'une enveloppe charnelle, périssable. Les maladies, les infirmités nous rappellent trop souvent cette « misérable enveloppe », pour qu'il nous soit possible de la négliger, de l'oublier.

L'homme qui, pour vivre, pour se développer physiquement et moralement, est obligé d'employer, de consommer ces mille objets divers dont l'ensemble constitue la richesse, peut-il se désintéresser de tout ce qui a trait à leur production, à leur répartition, à leur circulation ? Prétendra-t-on qu'il lui est indifférent que la production de la richesse soit plus ou moins abondante, que la répartition en soit plus ou moins équitable, que l'échange s'opère plus ou moins facilement, que l'emploi de la richesse soit bon ou mauvais?

Assurément, il ne faut pas s'attacher outre mesure à la richesse. Toutefois il est puéril de nier, au point de vue humain, l'importance, la valeur des biens matériels, et de témoigner, à l'égard de ces biens, un mépris, en définitive plutôt simulé que sincère.

On invoque certaines paraboles évangéliques ; mais remarquez que l'Evangile blâme, condamne moins la richesse en elle-même que la préoccupation excessive de la richesse, la richesse mal acquise, le mauvais emploi de la richesse.

Au surplus, est-ce que l'Economie politique, la science de la richesse, prêche l'amour des jouissances matérielles, l'amour du luxe? Nullement. Elle n'accepte, avons-nous dit, qu'un certain luxe relatif, modéré, qui, suivant elle, est nécessaire comme stimulant du travail et de l'énergie productive ; elle flétrit, elle condamne absolument l'amour excessif des jouissances sensuelles et vaniteuses, le luxe abusif, le mauvais luxe, qui est aussi pernicieux pour les individus que pour les Etats.

Lorsque l'Economie politique nous recommande le travail, l'ordre, l'épargne, lorsqu'elle blâme sévèrement l'égoïsme de l'avare et l'imprévoyance du prodigue, lorsqu'elle prêche la fraternité humaine au nom de l'intérêt sainement entendu, n'est-elle pas d'accord avec les principes les plus élevés de la Morale?

\* \*

La doctrine rigoriste du « mépris des richesses », du renoncement absolu comme règle habituelle de la vie, est restée à peu près à l'état de théorie pure. Appliquée d'une façon générale, cette doctrine nous ramènerait bientôt aux misères de la vie primitive, à la barbarie ; en effet, elle ne tend à rien moins qu'à répudier toutes les conquètes de la science, tous les bienfaits de la civilisation, à supprimer le travail, ce principe moralisateur, à faire de la paresse une vertu, à exalter l'inertie, à condamner le Progrès.

L'Economie politique, au contraire, affirme que le Progrès est une des lois de l'humanité, que le travail, l'industrie, la richesse, la propriété, le luxe (acceptable, modéré), sont les fondements, les ressorts nécessaires de toute société qui progresse, les instruments de la civilisation.

Mais l'école rigoriste, après avoir prêché le mépris de la richesse, déplore « les vices, les excès de la civilisation, les malheurs d'une civilisation trop avancée. »

Qu'est-ce donc que la *civilisation ?* C'est non seulement le progrès dans l'ordre matériel, mais encore le progrès dans l'ordre moral et intellectuel (progrès des sciences, des mœurs, des idées), en d'autres termes, c'est le progrès, au double point de vue du bien-être matériel et du bien-être moral. La civilisation est le développement naturel de la destinée humaine. Peut-il y avoir « excès » de civilisation ? La civilisation peut-elle être « trop avancée » ? « Ne craignez donc pas, dit un philosophe économiste, d'être *trop civilisés*, c'est-à-dire trop cultivés intellectuellement et moralement. Cette crainte est encore plus chimérique qu'elle n'est présomptueuse (1). »

\*  \*
\*

Avons-nous besoin de faire remarquer combien est injuste le reproche de « matérialisme », qui a été parfois adressé à l'Économie politique ?

Il n'est pas permis d'accuser de « matérialisme » une science pour laquelle l'idéal est le perpétuel accord de l'utile avec l'honnête et le juste, — une science qui enseigne que *le plus puissant élément de richesse est le capital intellectuel et moral.*

Qu'est-ce que ce capital ? C'est la science en général, l'éducation professionnelle, l'amour du travail, c'est le sentiment de la responsabilité et de la prévoyance, c'est le patriotisme, c'est enfin l'amour de la liberté uni au respect des lois.

FIN

---

(1) M. H. Baudrillart. Histoire du luxe privé et public. Tome I, livre I, chap. III.

# TABLE DES MATIÈRES

## LIVRE TROISIÈME

*De la Répartition de la Richesse.*

## LIVRE QUATRIÈME

### *De la Circulation de la Richesse.*

## LIVRE CINQUIÈME

### De la Consommation de la Richesse.

FIN DE LA TABLE.